FE PARA LOS
CURIOSOS

«Basado tanto en la investigación como en décadas de experiencia ministerial, este libro ofrece una guía muy necesaria para entender a esta generación espiritualmente curiosa. Al combinar datos, historias y aplicaciones prácticas, Mark identifica los cambios clave necesarios para interactuar mejor con esta generación y tener conversaciones espirituales fructíferas. ¡*Fe para los curiosos* es una lectura obligada para los líderes ministeriales y para cualquiera que intente amar con fidelidad a los amigos que no asisten a la iglesia hoy en día!».

Tom Lin, presidente y director ejecutivo de InterVarsity Christian Fellowship

«En el Salmo 78 leemos acerca de la importancia de transmitirles nuestra fe a las generaciones futuras, y contarles las gloriosas obras de Dios, su poder y sus maravillas. No conozco a nadie que esté mejor preparado y capacitado para ayudar a la iglesia a hacer esto que Mark Matlock. Debemos comunicarles las Buenas Nuevas de Jesús tanto a las generaciones venideras como a las que no asisten a la iglesia entre nosotros. En este libro, no solo descubrirás información sobre dónde estamos y los desafíos que enfrentamos, sino también ideas esperanzadoras y útiles sobre qué hacer al respecto. Cada uno de nosotros tiene un papel que desempeñar en la transmisión de nuestra fe. Mark nos ayuda a hacer justo eso».

Dr. Ed Stetzer, decano de la Escuela de Teología Talbot de Biola University

«*Fe para los curiosos* está dirigido a todos los que luchan por encontrar formas eficaces de mostrar y de testificar de la vida que encontraron en Jesús en estos momentos culturales tan desafiantes. Basándose en sus décadas de liderazgo en el ministerio estudiantil y extrayendo de una investigación exhaustiva sobre los espiritualmente curiosos entre nosotros, Mark nos da la esperanza de que existen caminos a seguir: formas de expresar mejor la esperanza que tenemos y formas de volvernos más curiosos nosotros mismos, por nuestro propio bien. Las personas son más abiertas de lo que creemos. ¡Permite que Dios use este libro para liberarte del temor y convertirte en una luz para muchos!».

Kevin Palau, presidente, Asociación Luis Palau

«Mark Matlock lo logró de nuevo con su intelecto, ingenio, perspicacia y deseo insaciable de convertir los datos en sabiduría. En *Fe para los curiosos*, Mark nos ayuda a replantear la curiosidad como una fuente de energía, a fin de descubrir y cultivar la fe en Jesucristo. Es una lectura obligada para cualquiera que desee moldear la fe de la próxima generación».

Matt Markins, presidente y director ejecutivo de Awana; cofundador de Child Discipleship Forum

«*Fe para los curiosos*, de Mark Matlock, es una exploración innovadora del variado panorama de la espiritualidad estadounidense. A través de la introducción de los curiosos espirituales y los curiosos escépticos, Matlock desafía los paradigmas tradicionales. Como líder que se esfuerza por conectar en un mundo en constante cambio, este libro me parece un recurso inestimable. Ofrece nuevas perspectivas para involucrar a quienes exploran el cristianismo, lo que lo convierte en una lectura esencial para cualquiera que busque salvar las distancias y fomentar conversaciones significativas sobre la fe en su vida cotidiana».

Rob Hoskins, presidente de OneHope

«Mark Matlock es un experto cultural que nos ayuda a navegar con habilidad el desafío de alcanzar espiritualmente a la próxima generación. En lugar de responder de manera reactiva, nos da nuevos recursos para ser proactivos y estar a la vanguardia en un mundo en constante evolución. Este libro ofrece enfoques creativos, respaldados por datos sólidos, a fin de acercarnos a los curiosos no como enemigos a los que hay que derrotar, sino como tesoros que hay que ganar».

Allen Yeh, profesor de estudios interculturales y misionología, Biola University

«Hay curiosos espirituales en tu vida y en la mía. La pregunta es: ¿Estaremos atentos y equipados para alcanzarlos? Lo que me encanta de este libro es que está basado en la investigación, es práctico y está lleno de historias de Mark practicando lo que predica. Por el bien de los muchos curiosos espirituales de tu trabajo y de tu familia, adquiere un ejemplar de *Fe par los curiosos* y ponlo en práctica».

Sean McDowell, profesor de apologética, Biola University; autor, *Set Adrift*

«*Fe para los curiosos* es un recurso necesario para cualquiera que busque comprender el vasto campo misionero que tenemos ante nosotros. Mark ha sido durante mucho tiempo un guía confiable en el camino del discipulado, y este libro no nos decepciona».

Rvda. Dra. Nicole Martin, fundadora y directora ejecutiva de Soulfire International Ministries

FE PARA LOS CURIOSOS

*Cómo una era de apertura espiritual moldea
la manera en que vivimos y ayudamos a otros
a seguir a Jesús*

MARK MATLOCK

Unilit
PUBLICAMOS PARA CAMBIAR VIDAS

Publicado por
Unilit
Medley, FL 33166

Primera edición 2025

© 2024 por *Mark Matlock*
Título del original en inglés:
Faith for the Curious
Publicado por *Baker Books*,
una división de *Baker Publishing Group*
Grand Rapids, Michigan, 49516, U.S.A.

Traducción: *Concepción Ramos*
Edición: *Nancy Pineda*
Diseño de cubierta y maquetación: *produccioneditorial.com*

Reservados todos los derechos. Ninguna porción ni parte de esta obra se puede reproducir, ni guardar en un sistema de almacenamiento de información, ni transmitir en ninguna forma por ningún medio (electrónico, mecánico, de fotocopias, grabación, etc.) sin el permiso previo de los editores.

A menos que se indique lo contrario, el texto bíblico se tomó de la Santa Biblia, Nueva Versión Internacional ® NVI®
Propiedad literaria © 1999 por Bíblica, Inc.™
Usado con permiso. Reservados todos los derechos mundialmente.
Texto bíblico: *Reina-Valera 1960* ® [RVR60] © Sociedades Bíblicas en América Latina, 1960.
Renovado © Sociedades Bíblicas Unidas, 1988.
Reina-Valera 1960 ® es una marca registrada de las Sociedades Bíblicas Unidas, y puede ser usada solamente bajo licencia.

Producto: 495989

ISBN: 0-7899-2854-X / 978-0-7899-2854-2

Categoría: *Iglesia y ministerio / Vida de la iglesia / Evangelización y extensión*
Category: *Church & Ministry / Church Life / Evangelism & Outreach*

Impreso en Colombia
Printed in Colombia

*Este libro está dedicado
a mis hijos, Dax y Skye,
y a sus amigos que mantienen
renovada mi fe a través de
su curiosidad.*

Contenido

Prólogo de David Kinnaman 11
  1. Un nuevo camino 17
  2. Los curiosos espirituales. 31
  3. Los curiosos escépticos. 59
  4. Una cultura curiosa. 75
  5. Una postura curiosa 101
  6. Cómo involucrar al curioso espiritual 121
  7. La búsqueda de algo más 145
  8. En la tierra como en el cielo 167
  9. Una presencia fiel en nuestras comunidades .. 189
10. Lecciones aprendidas 213
Investigación y metodología 227
Reconocimientos 229
Notas 231

Prólogo

Quizá hayas oído hablar de Jorge el Curioso (es un mono ilustrado en libros infantiles). Y quizá sepas que la curiosidad mata al gato, aunque quién sabe por qué.

Si la curiosidad está relacionada de alguna manera con el reino animal, mi amigo Mark Matlock es el rey de las bestias. Es una de las personas más curiosas que conozco.

Siente curiosidad por la gente y entabla conversaciones con desconocidos por completo con facilidad. Le fascinan las ideas; siempre tiene un tema nuevo sobre el que lee, escucha, explora y debate.

También está profundamente interesado en Dios. Mark tiene una manera única de pensar y de comunicar la teología, lo que la gente cree y por qué, y cómo creer en Dios hace que valga la pena vivir.

La naturaleza inquisitiva de Mark y su deseo de ayudar a la gente a crecer es la razón por la que es el guía perfecto para ayudarnos a entender el momento de apertura espiritual que estamos viviendo en nuestra sociedad. La investigación social de Barna desde la pandemia muestra que la mayoría de la gente está expresando mucha más apertura y curiosidad espiritual que antes del impacto del COVID. También vemos que los adolescentes por todo el mundo están abiertos a Dios, a la espiritualidad, a las Escrituras cristianas y a Jesús.

En otras palabras, la curiosidad espiritual es alta en este momento. Nuestra última investigación de Barna muestra una apertura espiritual sin precedentes en los Estados Unidos. Escucha esto: alrededor de las tres cuartas partes de los adultos en Estados Unidos dicen que creen en un poder superior, y la mayoría dice que está interesada en explorar la espiritualidad. ¡Esas son buenas noticias para quienes se preocupan para que el evangelio de Jesús eche raíces en los corazones y las mentes!

Ahora bien, estar abierto también significa que las personas tienden a estar abiertas a cualquier cosa y a todo. Eso puede ser contradictorio, en el mejor de los casos, para quienes creemos en la redención esencial y exclusiva que ofrece la fe en Jesús.

Este maravilloso libro trata de cómo la curiosidad positiva puede ayudarnos a crecer. *Fe para los curiosos* ofrece una especie de clase magistral sobre cómo los cristianos podemos aprender de los curiosos espirituales y ayudarles a vivir más para Jesús.

Quizá te interese saber cómo mi amistad de veinticinco años con Mark ayudó a forjar este libro. Aunque ambos asistimos a la Universidad Biola, nuestros caminos no se cruzaron hasta uno o dos años después de graduarnos. Yo trabajaba para George Barna y Mark estaba involucrado en el ministerio de jóvenes. Un día, sin venir a cuento, llamó a la empresa para ver si George estaría interesado en realizar un proyecto de investigación sobre los adolescentes y la evangelización. Su curiosidad lo impulsó a querer comprender de manera más profunda lo que había en la mente de los adolescentes. George aceptó hacer el estudio siempre y cuando Mark trabajara conmigo en él. Yo era nuevo a la industria, y mi mentor intentaba ayudarme a conseguir algunas victorias fáciles en el marcador.

A partir de este primer proyecto, Mark y yo descubrimos que teníamos en común la misma curiosidad y un amor profundo por la próxima generación. Teníamos poco más de veinte años, pero ya como adultos emergentes veíamos cómo cambiaban los vientos de la cultura.

Desde nuestro proyecto inicial con Barna, Mark se ha convertido en uno de mis amigos más íntimos. Él continuó escribiendo muchos libros, sobre todo para líderes de ministerios juveniles y estudiantiles, y para padres, y yo adquirí Barna Group de George y Nancy en 2009. Seguimos examinando los viajes espirituales de los jóvenes como uno de los principales aspectos de investigación y especialización de mi empresa.

Como tal, Mark y yo escribimos juntos *Fe para los exiliados*, que se publicó en 2019. Ambos éramos padres de adolescentes y adultos jóvenes, y nos enfrentábamos a importantes vientos en contra: la sociedad se había vuelto repelente a la fe de manera especial e insidiosa. Nuestra investigación mostró que la fe resiliente era más difícil de cultivar usando los métodos tradicionales que habíamos usado a lo largo del siglo XX. Desde el punto de vista profesional, y es probable que, con más urgencia desde el punto de vista personal, necesitábamos noticias esperanzadoras y protectoras que nos ayudaran a guiar a nuestros hijos y a otros jóvenes adultos sobre cómo cultivar una fe sólida. Juntos, Mark y yo desarrollamos cinco prácticas basadas en la investigación, a fin de ayudar a una nueva generación a seguir a Jesús y prosperar como exiliados en la Babilonia digital.

Mark desarrolla todo ese trabajo en este libro, *Fe para los curiosos*. Sigue entretejiendo los hilos para alcanzar a las personas y ayudarlas a crecer en la fe en este momento cultural actual. Hoy en día, existe una receptividad masiva a la posibilidad de la existencia de Dios. Las personas quieren creer en algo más grande que ellas mismas, un poder superior que las ayude a darle sentido a este mundo desordenado. Vivimos en un momento cultural lleno de enormes oportunidades evangelísticas.

Sin embargo, como señala Mark con seriedad, el reto al que nos enfrentamos los cristianos es si estamos preparados y somos capaces de encontrarnos con personas espiritualmente abiertas, allí donde están, tal y como son. Nuestros datos muestran que los cristianos y los líderes de la iglesia tienen un trabajo significativo que hacer. A fin de cerrar la brecha de confianza para las personas que son espirituales, pero no religiosas.

El trabajo de Mark en *Fe para los curiosos* es una parte importante de ese puente. En un capítulo tras otro, ofrece historias y experiencias de su propia vida con las que uno se puede identificar; datos que cuentan la historia de las personas espiritualmente abiertas de hoy; e ideas prácticas y concretas sobre cómo entablar conversaciones espirituales.

Mark escribió este libro bajo la marca de Barna, lo que significa que incluyó gráficos, infografías y estadísticas confiables, y los desglosa para quienes poseen nuestro amor por una buena historia con datos. Sin embargo, este no es el típico libro de investigación cuantitativa de Barna. En realidad, se trata de la percepción: ver el mundo que nos rodea, comprender las historias de las personas y cómo se conectan con nuestra investigación de transparencia espiritual (señalado al final del libro), y aprender a interactuar con las personas sobre su fe de una manera relevante y cercana. Con humildad, Mark narra su propia jornada como estudiante del instituto que era rápido para convencer y menos propenso a sentir curiosidad por los demás. Hoy en día, Mark siente una curiosidad genuina por los viajes espirituales de las personas. En cada conversación está dispuesto a escuchar y aprender sobre la persona con la que habla.

Antes de que empieces a leer *Fe para los curiosos,* espero que te detengas un momento y le pidas a Dios que te encuentre donde estás en tu propia vida de fe: que le pidas con humildad que ablande tu corazón para que esté abierto y receptivo a lo que estás a punto de experimenta en las páginas que siguen. Este libro te ayudará a sentir más curiosidad por otros, a interesarte por las ideas y a abrirte más a Dios. Mark y yo creemos que te convertirá en un mejor oyente y, como tal, aún más abierto a recibir todo lo que Dios tiene para ti.

Sí, *Fe para los curiosos* es una expresión de la pericia de Mark como narrador de datos. También, en cambio, es una narración de su propio viaje de evangelización, y proporciona una guía moderna muy necesaria para los cristianos de a pie, pastores y líderes ministeriales. Mark realizó una gran contribución a nuestro equipo de Barna. Como su amigo y colaborador en Cristo, no podría recomendarte este libro de manera más encarecida. Dios permita que veas, escuches y actúes en las oportunidades que abundan para testificar de Jesús ahora.

David Kinnaman
Director ejecutivo, Barna

Un nuevo camino

Si mostrara una disponibilidad para explorar la fe en Jesús, ¿qué iglesia le puedo recomendar?

La pregunta me rondaba la cabeza mientras me sentaba a la mesa frente a Anika, una profesional elegantemente vestida, de voz suave y penetrantes ojos azules. La acababa de conocer. Anika era una amiga muy querida de un conocido en común, un exuberante neoyorquino irlandés que a menudo me interrogaba acerca de mi papel como ministro y bromeaba diciendo que mi ministerio era una secta.

Los tres nos reunimos con varios amigos en una encantadora cafetería del vecindario Upper East Side de Manhattan. En cuestión de minutos, nuestra conversación derivó hacia asuntos de religión y espiritualidad, una vez que nuestro amigo en común me presentó como el «líder de una secta». «Para que conste», bromeé, «yo nunca soy el que menciona mi cristianismo en la conversación. ¡Siempre lo mencionas tú!».

No es frecuente que la gente profundice en las cuestiones existenciales de la vida con desconocidos, por mucho que algunos apologistas cristianos quieran hacernos creer que es así. La mayoría de la gente está demasiado ocupada con las facturas, el trabajo, las relaciones y otras preocupaciones cotidianas como para dedicarle mucho tiempo a reflexionar sobre el significado de la vida. Sin embargo, Anika, una mujer de unos setenta años o más, se estaba dando cuenta de que cada año que pasaba asistiría a más funerales que bodas. Se encontraba en un punto de transición, y es en esos momentos cuando las «grandes preguntas» se vuelven cada vez más reales. Parecía ser sincera en su búsqueda de respuestas.

Aunque ella se tomó esta presentación como una oportunidad para iniciar una conversación espiritual, yo no tenía ningún plan. No traté de apresurarme con las respuestas a sus preguntas y no asumí el papel de «experto espiritual». De todos modos, eso no habría funcionado con ella.

Entonces, en un momento dado, mientras su atención se desviaba hacia una mirada contemplativa, dijo algo que quedó flotando en el aire, algo que de seguro había estado pesando sobre ella durante mucho tiempo, tal vez toda su vida:

—Sería bueno tener algo en lo que creer.

Y así, nuestro encuentro para tomar un café pasó de ser una simple presentación para convertirse en un encuentro sagrado: uno de esos momentos extraordinarios en los que los límites entre lo físico y lo eterno se difuminan. El reino espiritual impregnaba las duras realidades de la vida neoyorquina.

—Cuéntame más sobre eso —la detuve en ese momento.

—Sería bueno creer que hay algo más, algo más grande ahí afuera. Un lugar al que supieras que ibas en vez de solo... —continuó e hizo un sonido de final de vida—, y eso es todo.

—¿Alguna vez creíste en algo? —le pregunté.

—Bueno, cuando era niña me enseñaban cosas, pero nunca llegué a creerlo.

—¿Hay alguna razón por la que no crees en nada? —le pregunté.

—Solo no era para mí; todas las reglas, la charla sobre el pecado.

—Anika —la detuve de nuevo—, voy a arriesgarme, pues siento que este es un momento muy especial. ¿Podría contarte algo sobre lo que creo acerca del pecado y por qué creo que me estás hablando de esto? ¿Estaría bien?

Me dijo que sí.

—Creo que Dios nos creó en un principio para ser íntegros por completo, realizados, florecientes, con la capacidad de acudir a Él para todo lo que tenemos. Ni siquiera éramos capaces de no confiar en Dios; éramos como espejos que podían reflejar la imagen de Dios. No éramos Dios, pero nos crearon a su imagen como el espejo.

—Esa es una imagen hermosa —dijo.

—Sí. Pero lo que sucedió es que esa palabra que usaste, *pecado*, hizo añicos el espejo, rompiéndolo en pedacitos. Creo que tienes fragmentos de ese espejo dentro de ti. Es la imagen de Dios, y quiere ser más grande. Vi un trocito de ese espejo cuando dijiste que sería bueno tener algo en lo que creer. ¿Tienes esa sensación a menudo?

Dejé que ella condujera la conversación a partir de ese momento. Hablamos durante una hora y, al final de la conversación, le pedí que le prestara atención a momentos como ese, momentos en los que la imagen de Dios podía aflorar a la superficie de su alma. Le pedí que tomara nota mental de esos momentos y viera a dónde podrían llevarla. También quería animarla a buscar una comunidad de la iglesia donde pudiera explorar mejor su curiosidad.

Y ahí es donde empezó mi propia crisis existencial sobre la iglesia. Me atormentaba la pregunta al principio de este capítulo: *Si mostrara una disponibilidad para explorar la fe en Jesús, ¿qué iglesia le puedo recomendar?*

No es que no pudiera imaginar la iglesia adecuada para ella en Nueva York. Después de haber hablado y viajado a más iglesias de las que puedo contar, tampoco podía pensar en un lugar adecuado para ella en ningún otro lugar del país. En realidad, «encajaría» en la iglesia estadounidense, lo que podría ser parte de la razón por la que Anika me dijo que yo era el primer cristiano que la había comprometido de una manera que encontró, en sus palabras, «hermosa».

Anika no necesitaba un sermón el domingo por la mañana. No necesitaba un curso de apologética, un manual de doctrina cristiana ni que alguien le explicara quién era Jesús. No necesitaba un folleto, una película cristiana ni un sitio web.

Anika tenía preguntas, sin duda, pero no eran preguntas intelectuales. En realidad, no. Anika no tenía preguntas de relación sobre la experiencia de confiar en Dios. No quería respuestas fáciles. Quería que alguien viniera junto a ella en su exploración espiritual. No quería que alguien *le* hablara. Quería que alguien hablara *con* ella.

Poco podía imaginar la frecuencia con la que Dios mismo aparece cuando dos personas se sientan a hablar de Él con sinceridad y humildad.

Tal vez sentarse con Dios por un rato la ayudaría a descubrir si podía confiar en Él de la manera que lo hacía yo. Había experimentado mucho en la vida de Nueva York y necesitaba una guía para atravesar el estrecho espacio entre una vida de lucha bajo el sol y una que entra en una relación con Dios a través de su Hijo.

¿Qué haría un pastor?

Me he sentido cómodo hablando con gente que no tiene ni idea ni opinión del cristianismo, sobre todo gracias a las amistades que mis hijos han entablado con personas no cristianas. Si bien mi trabajo en el ministerio me protegió casi por completo de los que no asisten a la iglesia durante décadas, mis hijos, que se inclinan por las artes, siempre han estado en grupos de amigos con personas que no eran «el tipo de grupo de jóvenes» al que yo le había dedicado la mayor parte de mi vida ministrando como pastor de jóvenes. Al conocer a los amigos de mis hijos, no solo aprendí mucho sobre ellos, sino también sobre la forma en que los cristianos nos acercamos a personas como ellos, y por qué a menudo los defraudamos.

No era raro que los amigos de mis hijos me pidieran una invitación a cenar solo para hablar conmigo. Sentían curiosidad por saber a qué me dedicaba. En su mayoría, no se habían encontrado con adultos con los que fuera fácil hablar de manera sincera y auténtica sobre la fe y, en contra de la opinión popular, a estos chicos les intrigaba la oportunidad. Desde su perspectiva, yo era un hombre cisgénero de mediana edad que apreciaba el arte, pero que tenía vocación de ministro. No sentían tanta curiosidad por mí como por saber en qué creía y qué pensaba sobre distintos temas. A diferencia de Anika, no les interesaban necesariamente las respuestas a las grandes preguntas existenciales de la vida. En su lugar, se preguntaban qué pensaba sobre distintos temas sociales, causas justas y noticias que tenían un impacto directo en su vida diaria. Se preguntaban cómo mis creencias como cristiano influían en mi perspectiva de las cosas que ocurrían en su mundo. Aunque en su mayoría se habrían etiquetado como ateos, agnósticos o no creyentes, todos sentían curiosidad... curiosidad espiritual.

Lo que me llevó a preguntarme: *¿Sabe la iglesia cómo atraer a la gente curiosa?*

Presenté por primera vez esta idea de curiosidad espiritual mientras organizaba una gira por veintiséis ciudades para The Seed Company en 2017. Estábamos comunicando ideas de investigación para ayudar a los pastores a saber cómo ayudar a expandir la conciencia de su iglesia sobre la traducción de la Biblia y la misión mundial. La investigación realizada por la Sociedad Bíblica Estadounidense también se presentó en esta gira para ayudar a los pastores a entender las barreras a la Biblia. La esperanza era ayudar a los pastores a descubrir más oportunidades para aumentar la lectura de la Biblia tanto entre las personas de sus iglesias como fuera de ellas.

Mientras analizábamos con los pastores las conclusiones de la investigación acerca de la curiosidad espiritual, me di cuenta de que muchos de ellos tenían dificultades. Aplicar esta investigación de manera práctica les resultaba difícil porque, según nuestros estudios, no basta con solo proporcionar respuestas fáciles a los curiosos espirituales. Este enfoque puede parecer eficaz, pero a los curiosos espirituales los deja insatisfechos. El curioso espiritual quiere algo más, y muchos de los pastores del taller no tenían un marco para entender cómo una persona curiosa quiere explorar temas y prácticas espirituales. Esto me sorprendió.

Por ejemplo: si una persona mostraba curiosidad sobre lo que la Biblia tiene que decir acerca de los dinosaurios (¡una de las veinte preguntas más buscadas sobre la Biblia en Google, por cierto!), la mayoría de los pastores en nuestros talleres dijeron que escribirían una serie de sermones sobre los dinosaurios, la Biblia y tal vez el relato de la creación del Génesis.

Ahora bien, los sermones sobre lo que la Biblia dice acerca de los dinosaurios pueden ser interesantes, estar bien investigados y predicados con habilidad. Sin embargo, no pueden ser un diálogo socrático que aborde las preguntas de los curiosos espirituales a lo largo del camino:

- ¿Por qué sientes curiosidad por lo que dice la Biblia sobre los dinosaurios? ¿Hay una pregunta detrás de la pregunta?
- ¿Qué crees acerca de la Biblia como documento espiritual?
- ¿Cuáles son tus fuentes confiables de la fe?
- ¿Qué podría cambiar en el mundo si pudieras responder a esta pregunta?
- ¿Podría haber otros puntos de vista cristianos sobre cómo interpretar esto?

Los sermones son estupendos. En mi vida he aprendido mucho de ellos y he escrito más de los que quisiera contar. Aun así, necesitamos ser conscientes tanto de sus usos como de sus limitaciones. Los sermones son un monólogo unidireccional en el que un grupo de personas se toma voluntariamente el tiempo para aprender de alguien en quien confían. En realidad, los curiosos espirituales no están preparados para ese tipo de compromiso. Buscan una conversación bidireccional que pueda desviarse en distintas direcciones.

Los curiosos quieren algo más que un guía turístico o un guía de museo. Quieren a alguien que les ofrezca oportunidades de retroalimentación, compromiso y apoyo mientras experimentan temas específicos. Es más, el entorno de un museo es tanto una metáfora adecuada como un modelo útil para que las iglesias lo consideren si buscan involucrar de manera más eficiente a los curiosos espirituales.

La visita a un museo

Las exposiciones en los museos son experiencias seleccionadas. Si vas a ver una exposición sobre van Gogh, por ejemplo, es probable que no veas toda su obra. Tampoco te sentarás a escuchar durante treinta minutos cómo alguien te cuenta todo lo que cree que debes saber sobre él. En su lugar, verás piezas seleccionadas con sumo cuidado para ilustrar un momento concreto de su vida o un tema de su obra. Cada pieza se expone en un orden determinado para crear un recorrido que cuenta una historia sobre el tema en cuestión.

Las exposiciones emplean diferentes aspectos sensoriales: iluminación, sonido, vídeo y, a veces, oportunidades inmersivas y prácticas, a fin de atraer aún más al público hacia la experiencia de aprendizaje. Carteles en las paredes, una audioguía que narra la experiencia, un docente que ofrece una visita guiada... museos que se aseguran de que las personas tengan múltiples opciones para interactuar y experimentar su contenido.

Los museos entienden que no existe un enfoque único para todos. Cada uno va a su propio ritmo y se interesa por el material a su manera. Algunos optarán por saltarse partes de la exposición que no les parecen interesantes. Otros se sientan a contemplar una pieza hasta que hayan explorado todos sus matices. Un museo te ofrece una experiencia autoguiada, una oportunidad de centrarte en lo que te resulte más interesante. Aunque el recorrido está dirigido, a menudo no es lineal, lo que permite al visitante pasar tanto tiempo como desee en un área de su elección (aunque puede haber exhibiciones cronometradas y horarios de apertura y cierre).

Los museos tampoco suelen limitar quién puede asistir a las exposiciones; cualquiera que compre una entrada es bienvenido. Los que piensan que van Gogh era un genio son bienvenidos, por supuesto. Aun así, también lo son quienes lo consideran problemático, aburrido o irrelevante. Sin importar qué actitud muestre alguien ante el material, los museos ofrecen un entorno libre de prejuicios para cuestionar esas suposiciones y recompensar una mayor exploración. Sea cual sea la actitud con la que uno entra en un museo, te irás enriquecido, sabiendo más de lo que sabías al llegar. Los museos están diseñados para despertar, captar y satisfacer la curiosidad de todos los que buscan esta experiencia.

Imagínate que llevas a un grupo de estudiantes de secundaria a una exposición de arte del siglo XX. Si solo los dejas por su cuenta, muchos la recorrerían entera en unos diez minutos, aprendiendo poco o nada.

En cambio, ¿qué sucedería si, en las semanas previas a la visita, les hubiera podido contar algo sobre lo que iban a ver? Quizá incluso les hubieras hecho elegir tres artistas cuyas obras tuvieran que encontrar en su visita al museo. ¿Y si les hubieras dado la oportunidad de pintar algo ellos mismos antes de ir, tal vez copiar un cuadro de Piet Mondrian (sin decirles que estaban reproduciendo una obra conocida que iban a ver)? ¿Y si al final de la visita se les asignara la tarea de recrear el cuadro que vieron?

Piensa en cómo cambiaría su experiencia si dispusieran de esa información antes de entrar al museo.

Además, imagínate que, en lugar de dejarlos solos, cada alumno de secundaria tiene un guía individual con quien puedan interactuar mientras recorre la exposición. Este guía puede ayudarlos a dirigir su atención hacia lo que podrían estar pasando por alto, ayudarlos con las partes que no entienden y brindarles antecedentes contextuales para enriquecer su comprensión de lo que están viendo.

Al final de la visita, vuelven al autobús y cuentan lo que vieron y cómo les impactó. Sus compañeros de clase también aprenden un poco sobre lo que vieron desde la perspectiva de uno de sus compañeros.

Los cristianos hacemos esto en los viajes misioneros todo el tiempo (cuando los hacemos bien). Nos preparamos para el viaje, anticipando lo que vendrá. Proporcionamos apoyo y retroalimentación durante el viaje. Y después, hacemos un informe. Tal vez por eso los viajes misioneros, los proyectos de servicio y los campamentos de verano tienen un impacto espiritual exponencial. Nos involucramos en una experiencia holística que aprovecha la curiosidad de una persona.

Sin embargo, desde esa gira de la Seed Company en 2017, he estado lidiando con una pregunta difícil: Los que queremos que otros vengan a Cristo, ¿entendemos cómo alcanzar a este grupo de personas, los curiosos espirituales? ¿Estamos dispuestos a ajustar nuestras formas de pensar y hacer las cosas con el fin de alcanzarlos?

Los pródigos

Cuando ayudé al director ejecutivo del grupo Barna, David Kinnaman, a analizar y enmarcar la investigación para su libro *Me perdieron* en 2010, me fascinó el perfil de los que llegamos a llamar «pródigos».

Los pródigos son «excristianos»; es decir, personas que una vez se identificaron como cristianos, pero ya no lo hacen. No solo porque abandonaran la iglesia, sino porque también dejaron atrás su fe. En ese momento, los pródigos representaban alrededor del once por ciento de las personas de entre dieciocho y veintinueve años que encuestamos. (Esa cifra se dispararía hasta el veintidós por ciento menos de una década después cuando hicimos el mismo estudio para el libro *Fe para los exiliados*[1]).

A menudo, cuando los cristianos piensan en este tipo de personas, tienen la imagen de un sabelotodo enfadado y cínico que solo busca un debate teológico. Tendemos a pensar que estos pródigos están amargados y resentidos, y quieren rebajar egoístamente a otros cristianos a su nivel. Podemos utilizar palabras como *exevangélico* o *deconstruccionista* casi como advertencia, a fin de prevenir a otros cristianos de que no sigan ese mismo camino.

Sin embargo, al observar más a fondo a los pródigos, descubrí que no coincidían con la imagen del intelectual anticristiano que quiere debatir y destruir a los creyentes de la fe cristiana. Por lo general, había dos razones por las que estos individuos abandonaban la fe y la iglesia.

En primer lugar, fueron heridos por alguien de la iglesia o del colectivo de la iglesia. Pusieron su confianza en un cristiano, o quizá en una iglesia, y los traicionaron, hirieron o incluso maltrataron. Tal vez acudieron a la iglesia en un momento de necesidad y encontraron que sus preocupaciones se desestimaron o menospreciaron. Tal vez alguien de la iglesia les hizo daño, y la propia iglesia estaba más interesada en proteger su reputación que en protegerles a ellos. Muchas de estas personas estaban enfadadas o enojadas con la iglesia, pero más por dolor que por desacuerdo intelectual.

En segundo lugar, había un grupo de personas que solo decidieron que ya no creían en los principios de la fe. Algunos tenían razones y sentimientos más fuertes que otros, pero lo sorprendente es que la mayoría todavía tenía opiniones positivas sobre la iglesia y sus padres. Algunos incluso señalaron que esperaron hasta la universidad para dejar la fe, pues no querían lastimar a sus padres. Un pródigo me dijo que deseaba poder creer, pero no podía. Me alegro de que David eligiera etiquetar a este grupo como pródigos, ya que es más esperanzador que los *ateos* o los *excristianos*.

A menudo esperamos que los no creyentes sean ateos empedernidos como Madalyn Murray O'Hair o Richard

Dawkins, que no son solo ateos, sino anticristianos con una naturaleza casi militante. Adoptamos un enfoque poco saludable de nosotros en su contra, en el que los que no están con nosotros deben estar contra nosotros. Suponemos que la mayoría de los ateos y agnósticos son elitistas engreídos que se burlan de los creyentes a nuestras espaldas cuando no lo hacen a la cara.

No obstante, la investigación de Barna dice que esta no es la realidad. Tras observar a los pródigos y comparar esos datos con mi propia experiencia con no cristianos, empecé a llamar a esto la era del «ateísmo educado». Estas personas optan por no creer en Dios, pero les parece bien que otros crean en otra cosa... y a menudo sienten aprecio por quienes lo hacen. Su incredulidad tampoco significa que no estén dispuestos a hablar de su camino o que no sigan buscando un significado mayor.

Los curiosos espirituales

Tengo dos objetivos para este libro, que se entrelazarán a lo largo de los capítulos siguientes. El primero es ayudarnos a entender de una manera más profunda quiénes son los curiosos espirituales. Este grupo grande y creciente de estadounidenses está abierto al mundo más allá de sus cinco sentidos, y ansioso por explorar sus preguntas sobre el reino espiritual entre un grupo seguro y sin prejuicios de compañeros de viaje y guías. Estas personas difieren entre sí en muchos aspectos, pero la curiosidad es siempre un factor distintivo que las une. Como líder de una iglesia o como persona interesada en conectar a la gente con Jesús, espero que quieras aprender maneras de interactuar mejor con este grupo y satisfacer sus necesidades aprovechando las oportunidades que trae esta era de apertura espiritual.

El segundo objetivo es ayudarnos a cambiar nuestra forma personal y colectiva de practicar el cristianismo. Tenemos mucho que ganar si nos volvemos más curiosos, si nos damos cuenta de que tal vez nos falta algo en nuestra vida espiritual que necesita atención y si aceptamos la idea de que no podemos llevar a la gente a un lugar en el que no hemos estado.

La curiosidad espiritual no es un fuego que hay que apagar; es un jardín que hay que cultivar. La jardinería requiere mucho más tiempo y energía que apagar un incendio. Hay que regar algunas plantas, podar otras y arrancarlas cuando sea necesario. Es una tarea seria. Requiere mucha paciencia. Es un poco arriesgado. Aun así, los resultados pueden ser hermosos.

Nos adentraremos en terreno desconocido y haremos preguntas que a veces pueden resultar incómodas. Nos alejaremos de la orilla y puede que las aguas se agiten un poco. Todo lo que pido es que afines tu propio sentido de curiosidad a medida que lees. Aunque no estés de acuerdo conmigo en todos los puntos, espero que puedas mantener tu atención. Eso es parte de lo que significa la curiosidad. Desde los adolescentes curiosos espiritualmente que mis hijos traen a casa, hasta las «Anika» mayores que tienen dificultades para encontrar una iglesia que se adapte a su nivel, está claro que nos queda mucho trabajo por hacer. Si de veras queremos llegar a los que están fuera de la fe, pero sienten curiosidad por ella, tenemos que ser capaces de encontrarnos con ellos allí donde se encuentran en su camino. ¿Estás listo para empezar?

CAPÍTULO 2

Los curiosos espirituales

A finales de los noventa, un notable fenómeno conocido como «fusión» comenzó a afianzarse en el mundo de la música cristiana contemporánea, impulsado por bandas como Jars of Clay y DC Talk. La cantautora cristiana Amy Grant ya había sido pionera en el camino cristiano hacia el éxito general al mezclar canciones pop pegadizas y alegres con sus temas espirituales más tradicionales. Ahora, una nueva generación tomaba su antorcha y la llevaba aún más lejos, creando verdaderos éxitos que se sentían muy cómodos entre las listas de los cuarenta más escuchados y de MTV, sin sacrificar su distintiva identidad cristiana. Estos nuevos grupos se encontraron con un público cada vez más amplio y empezaron a tocar para audiencias más numerosas. El lanzamiento del álbum de adoración de Michael W. Smith de 2001 (apropiadamente titulado *Adoración*) unido a la creciente popularidad de Third Day, revolucionó la forma en que la industria musical percibía el potencial de los artistas cristianos.

A medida que el panorama evolucionaba con rapidez, las bandas se enfrentaban a decisiones cruciales sobre el tipo de música que querían hacer. La industria de la música se dio cuenta de que existía un mercado mucho mayor para estos discos «espirituales» de lo que se había imaginado. Las entidades seculares más grandes comenzaron a adquirir sellos discográficos cristianos más pequeños, con la esperanza de encontrar el próximo DC Talk o Jars of Clay. Fue una época complicada para las bandas cristianas más nuevas y jóvenes. Las mareas cambiantes de aceptación y la dinámica del mercado obligaron a los artistas a navegar por territorios desconocidos. Los músicos cristianos se replanteaban lo que podría significar ser una «banda cristiana» y redefinían los límites de su influencia musical.

Por aquel entonces viajaba conmigo una banda pequeña y desconocida llamada MercyMe. Un ministerio fundado por mí, WisdomWorks, los dirigía desde mi oficina en el garaje de mi casa en Irving, Texas. Eran principalmente artistas de adoración que estaban al borde de una gran decisión: si volverse seculares o mantenerse en la música sagrada. Habíamos vendido desde el garaje treinta mil álbumes de un proyecto independiente llamado *The Worship Project*. Un día, nuestro personal de dos empleados se despertó para escuchar que una de las canciones de MercyMe sonaba en The Wolf, una emisora secular en el área de Dallas en ese momento. Cuando sintonizamos nuestras radios, el DJ estaba diciendo: «Dejen de llamar. Tocaremos de nuevo la canción».

Esa canción era: «I can only imagine» [Puedo imaginarme]. Era la canción más abiertamente cristiana que se podía poner en una emisora secular en esa época. Se trata de una canción acerca del cielo y de lo que los cristianos creen que les espera. He aquí una muestra de la letra: «Rodeado de tu gloria, ¿qué sentirá mi ser? ¿Danzaré por ti mi Cristo o en silencio quedaré?».

Y los que escuchaban esta emisora, en la que casi siempre aparecían artistas como Eminem y 50 Cent, pedían escuchar «Puedo imaginarme» una y otra vez. En ese momento, me di cuenta de que Estados Unidos es una nación más cristiana de lo que suponía.

A la larga, el primer disco grabado en estudio de MercyMe, *Almost There* [Casi allí], que incluía «Puedo imaginarme», se convirtió en disco de platino. Me tomé un par de semanas para salir de gira con la banda. Hicimos paradas por todo Estados Unidos e incluso tomamos un avión privado en medio de la gira, a fin de hacer un par de anuncios de televisión en Nueva York para algunos de los principales programas de noticias matutinos. Fue increíble conocer a tanta gente que se había sentido conmovida por la canción. Los mayores fanáticos de la canción no solo vinieron de dentro de la iglesia, sino también de fuera.

Nadie sabía ni le importaba quién era yo, así que esto me dio una gran cobertura para conocer a las personas que hacían fila para conocer a la banda. A veces era la persona de peluquería y maquillaje o el operador de cámara con quien podía interactuar. En *Good Morning America*, un director dijo que la presentación de MercyMe había causado más entusiasmo en el edificio que otro cantante muy conocido que se presentó el día anterior.

¿Qué estaba pasando aquí?

Definamos nuestros términos

En los últimos años he tenido el privilegio de ser presentador e instructor de talleres para Barna, una compañía de investigación y comunicación que estudia la fe y la cultura. Como miembro sénior, he colaborado con ellos en varios proyectos de investigación, y soy coautor de un libro, *Fe para los exiliados*, con el director ejecutivo de Barna, David Kinnaman.

Esto me ha permitido estar en primera fila mientras Barna analizaba las creencias y prácticas religiosas, sobre todo en Estados Unidos. Durante casi cuarenta años han seguido la pista de lo que creen los cristianos y los no cristianos, y no hay duda: aunque el cristianismo sigue estando vivo en Estados Unidos, la participación en nuestras iglesias está disminuyendo con rapidez. En 1993, el 45 % de los adultos estadounidenses asistían a la iglesia cada semana, pero según nuestro estudio actual, solo lo hace el 21 %[1].

Sin embargo, la mayoría de la gente se considera cristiana. En la actualidad, el 64 % de la población estadounidense en general sigue identificándose como cristiana cuando se le pregunta por sus creencias religiosas en las encuestas de Barna. Este porcentaje me sorprendió al principio, pues contradice mi propia experiencia, y es probable que la tuya también. En la cultura más amplia y en las interacciones personales, no suelo tener la sensación de ser cristiano mayoritario. Más bien, puedo sentir que mi vida de fe devota es inusual o que se la ve con recelo. Hay buenas razones para que muchos otros cristianos fieles y yo nos sintamos así. En primer lugar, aunque la mayoría de los estadounidenses todavía se identifican como cristianos, se puede ver que la identidad cristiana va en declive con el tiempo y a través de las generaciones.

El mayor cambio en la religión ha sido el número de personas que optan por abandonarla por completo. Es probable que hayas escuchado hablar de este grupo como los «nones». Estas personas no reclaman ninguna etiqueta para sus creencias espirituales o la falta de ellas. No se proclaman religiosos, pero tampoco les gusta que les llamen ateos o agnósticos. Este conjunto de personas es joven y desafía a los cristianos mayores como yo a considerar nuevas maneras de pensar sobre la fe cristiana, y las personas que están fuera y adyacentes a ella.

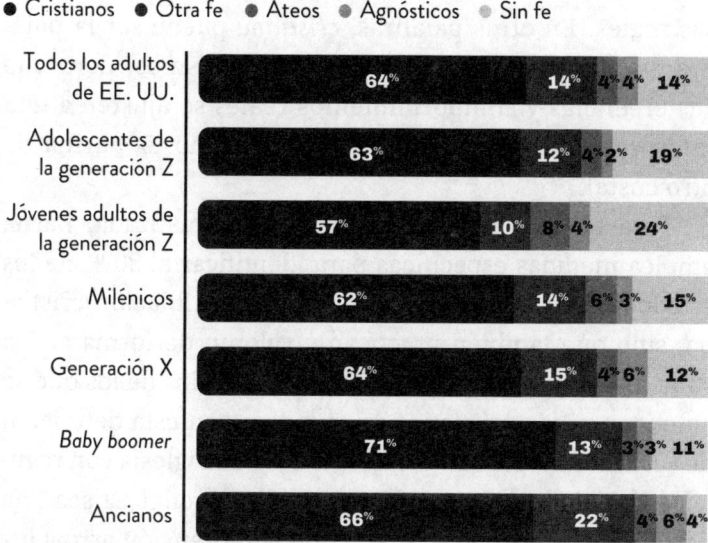

n=2 005 adolescentes y adultos estadounidenses, 13-23 de diciembre de 2022.
Fuente: Barna Group

Si observamos de cerca a los encuestados de la generación Z, dividiéndolos en adolescentes (de trece a diecisiete años) y adultos jóvenes (de dieciocho a veintidós años), vemos que el porcentaje de quienes se identifican como ateos, agnósticos o no creyentes tiende a aumentar en este grupo. Los estudios de Barna demuestran que el alejamiento rápido y decisivo de la religión en general y del cristianismo en particular parece producirse cuando esta nueva generación se acerca a la edad adulta. (Aquí debo añadir que cuando veas n= en cada gráfico, se refiere al tamaño de la muestra: el número de personas que respondieron el cuestionario).

Además, entre los dos tercios considerables de la población estadounidense que todavía se identifican con el cristianismo, tenemos que reconocer que esta identificación no coincide necesariamente con las prácticas religiosas reales. En otras palabras, *cristiano* puede ser la palabra que utilicen para describirse a sí mismos, pero que sus creencias y comportamientos reales se ajusten a una interpretación tradicional del cristianismo es harina de otro costal.

Para obtener una comprensión más matizada, Barna emplea medidas específicas para identificar al 20 % de los estadounidenses que no solo afirman su afiliación cristiana, sino que también practican y valoran de forma activa su fe. Lo sorprendente es que casi dos tercios de los que se autodenominan cristianos no cumplen con esta definición de «cristiano practicante»; no asisten a una iglesia con regularidad y ni siquiera consideran que la fe religiosa sea una parte importante de sus vidas. Esta comprensión arroja luz sobre la compleja dinámica en juego dentro del panorama cristiano de Estados Unidos.

Dos de cada cinco estadounidenses adultos no practican el cristianismo

● Cristianos practicantes   ● Cristianos no practicantes   ● No cristianos

| Todos los adultos de EE. UU. | 20% | 38% | 42% |

Solo uno de cada cinco adultos de EE. UU. cumple todos los criterios siguientes:
1. Se identifica como cristiano
2. Asiste a la iglesia mensualmente
3. Está de acuerdo por completo en que su fe religiosa es muy importante en su vida actual

n=1 890 de adultos estadounidenses, 13-22 de diciembre de 2022.
Fuente: Barna Group

La investigación demuestra que esos cristianos no practicantes se parecen muy poco en creencias o prácticas al cristianismo presentado en las Escrituras, sin importar cómo se identifiquen. Es más, sus respuestas a menudo se parecen más a las de los no cristianos que a las de los cristianos practicantes.

¿Qué es la curiosidad espiritual?

La clase de arte avanzada de mi hija organizó el Día de la Crítica de los Padres, un momento en el que los padres podían venir y participar en las críticas de los compañeros sobre las obras recientes realizadas por la clase. Como yo había asistido a muchas clases de arte en la universidad, conocía este proceso y sentía curiosidad por ver el trabajo de los demás alumnos. Como padre, siempre te encanta lo que hace tu hijo, pero ver su trabajo comparado con el de otros chicos era algo que tenía curiosidad por experimentar. Llegué dispuesto a todo. Mi único objetivo era no avergonzar a mi hija, que es el objetivo la mayoría de las veces.

Aunque vivíamos en el Cinturón bíblico, la mayoría de los compañeros de clase de mi hija Skye no eran cristianos. Y aunque la mayor parte del trabajo de mi vida ha sido ministrar a los adolescentes, sus amigos no lo sabían. Solo me conocían como «pastor».

Las críticas fueron buenas. Me impresionó la calidad del trabajo que estos alumnos realizaron y me sentí bien con la decisión de mi hija de seguir una carrera en diseño de moda. Al día siguiente, Skye me preguntó si algunos de sus amigos podían venir a cenar. «Quieren conocerte y hablar contigo. Es más, piensan que eres bastante interesante».

Esto la sorprendió y, por supuesto, los recibí en mi casa.

Tenían muchas preguntas sobre mis experiencias creativas y también sobre mi vocación como pastor. Sentían curiosidad por la fe y por cómo era. La idea de que un adulto pudiera interesarse tanto por la fe como por la creatividad era algo novedoso. Me di cuenta de que mi formación artística y creativa era algo que no habían encontrado en un adulto que hablara su mismo lenguaje. Con el tiempo, llegué a conocer a esos amigos. Me convertí en el padre que llevaba a todos los chicos a los clubes de la zona de Deep Ellum, en Dallas, a fin de que escucharan a sus grupos favoritos. Salíamos y charlábamos con una hamburguesa Whataburger de camino a casa.

Se trataba de adolescentes muy inteligentes, y en su mayoría no tenían ni idea de lo que era la fe y nunca habían considerado cómo podía relacionarse con las artes. A través de mis conversaciones, percibí una curiosidad espiritual diferente a la que había sentido en interacciones anteriores con no cristianos. A través de las conversaciones, estos adolescentes comenzaron a abrirse a una forma de pensar sobre la fe que les resultaba nueva y emocionante. Es más, había un grupo cada vez mayor de adolescentes «desconocedores de la iglesia» que habían rechazado una forma de cristianismo que quizá Jesús habría rechazado también. Sin embargo, dada su falta de orientación, no sabían que había una forma de practicar el cristianismo en la iglesia que se parecía mucho más a Jesús.

Mientras me preparaba para escribir este libro, me reuní con David John Seel, autor de *The New Copernicans* [Los nuevos copernicanos], para conversar acerca de los curiosos espirituales. Esto fue lo que me dijo:

Ahora mismo la crisis de la iglesia es que no sabemos cómo traducirle nuestra fe a la próxima generación. La próxima generación no va a tolerar la forma en que hemos comunicado la fe en el pasado Son una generación posterior a la Ilustración. Y es cierto que son más abiertos espiritualmente. Están obsesionados. A los medios seculares les gusta pensar que el aumento de los «nones» religiosos es una señal de secularismo o ateísmo creciente. Y, por supuesto, eso no es cierto. Es el auge de una forma alternativa de espiritualidad. Es más, están más orientados espiritualmente que sus predecesores. Y están obsesionados por el miedo a perderse algo.

Veo la curiosidad espiritual como un continuo. «Obsesionados» es un estado de inquietud emocional o espiritual con el sentir de que tiene que haber algo mayor que ellos mismos, algún significado, y su visión de la realidad es una con claraboyas, no un mundo sin ventanas. Es un mundo con ventanas. El problema es que no tienen ni idea de lo que hay más allá de la claraboya. Y sienten curiosidad por saber lo que hay más allá. Ahora bien, para mí, «obsesionado» es un estado estático de inquietud; «curioso» es alguien que comienza a hacer preguntas, pero no es exactamente un buscador[2].

Permítanme intentar hacer un dibujo de lo que creo que está sucediendo:

Hay dos ejes; uno que mide los extremos de la curiosidad de una persona y otro que examina su visión espiritual del mundo.

En el eje horizontal x tenemos la visión del mundo de una persona en relación con el reino sobrenatural. En un extremo está la creencia en un mundo sobrenatural de algún tipo, y en el otro está la creencia de que solo existe el mundo físico. Una serie de preguntas nos ayudaron a identificar en qué punto del espectro se encontraba la gente.

Sobrenaturalismo x curiosidad

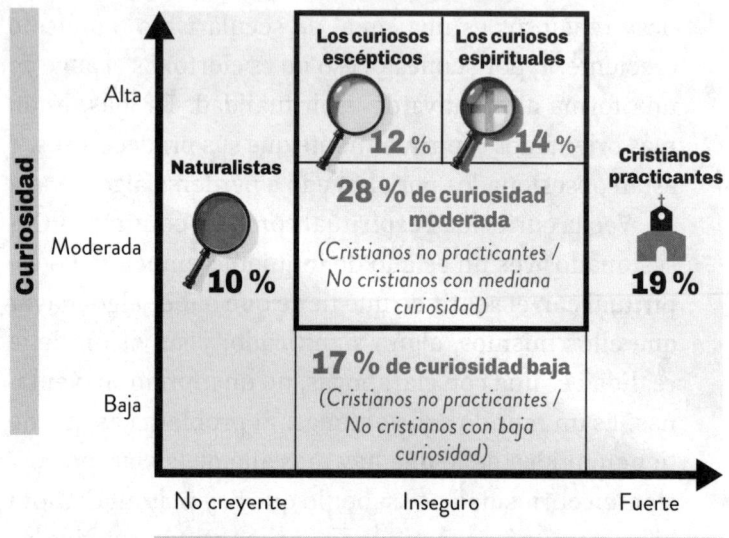

% de la población total

Los curiosos

- **Los curiosos escépticos** 12 %
- **Los curiosos espirituales** 14 %
- **Naturalistas** 10 %
- **Cristianos practicantes** 19 %
- **28 % de curiosidad moderada** (Cristianos no practicantes / No cristianos con mediana curiosidad)
- **17 % de curiosidad baja** (Cristianos no practicantes / No cristianos con baja curiosidad)

Eje vertical: **Curiosidad** (Alta, Moderada, Baja)
Eje horizontal: **Sobrenaturalismo** (No creyente, Inseguro, Fuerte)

Los curiosos espirituales
Se trata de adultos que no son parte de la iglesia cristiana (es decir, no son cristianos o son cristianos no practicantes), pero creen que existe una verdadera dimensión espiritual y muestran altos niveles de curiosidad.

Los curiosos escépticos
Estos no cristianos y cristianos no practicantes también muestran altos niveles de curiosidad. Cuando se trata de espiritualidad, se plantean grandes preguntas; no están seguros de si existe una dimensión espiritual, o creen que no hay forma de saberlo con certeza.

Los naturalistas
Algunas personas se cierran a la idea de que exista un reino espiritual. Aquí nos referimos a los que no tienen fe y están al menos algo seguros de que no hay dimensión espiritual ni vida después de la muerte. En cambio, tienden a decir que el mundo físico es todo lo que existe. Sin embargo, no hay que suponer que los naturalistas carecen de curiosidad general; el 30 % muestra un alto nivel.

n=525 adultos estadounidenses que son cristianos no practicantes o no cristianos, 19-23 de febrero de 2023. Fuente: Barna Group

Un espectro de puntos de vista espirituales

Algunas personas dicen que no hay nada más en este mundo que lo que podemos saborear, tocar, oír, ver y oler. Otros dicen que existe una dimensión espiritual o sobrenatural que es tan real como el mundo físico. ¿Qué crees que hay?

- Existe una dimensión espiritual real
- No hay forma de saberlo
- No estoy seguro
- El mundo físico es todo lo que hay

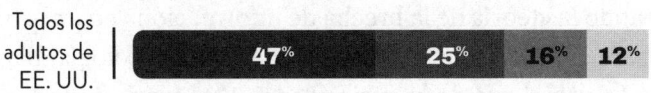

Todos los adultos de EE. UU. | 47% | 25% | 16% | 12%

n=1501 adultos estadounidenses, 19-23 de febrero de 2023.
Fuente: Barna Group

Lo que ha cambiado, al entrar en un mundo posterior a la Ilustración, posmoderno, poscristiano, posverdad, bueno, «pos» de todo, es que la mente fuerte, racional y científica se ha atemperado con una necesidad básica de validar por experiencia si algo da resultado en realidad.

El eje y es un poco más complicado. Con las preguntas adecuadas, no es demasiado difícil calcular hasta qué punto una persona puede creer en lo sobrenatural. Entonces, ¿cómo medir la curiosidad y la apertura?

Se han realizado numerosos estudios sobre el tema de la curiosidad, y varios investigadores han aportado sus ideas. Uno de los primeros psicólogos en desarrollar un modelo de curiosidad fue Daniel Berlyne.

Berlyne sugirió que la búsqueda de la curiosidad nos ayuda a encontrar un término medio entre dos estados incómodos: la subestimulación y la sobreestimulación. Cuando estamos aburridos, empleamos la «curiosidad diversiva», a fin de encontrar algo que capte nuestra atención. En cambio, cuando estamos abrumados, empleamos la «curiosidad específica», con el propósito de darle sentido a la situación y encontrar algún nivel de comprensión. Un niño que se pasa la clase de matemáticas preguntándose cómo sería volar está utilizando la curiosidad diversiva. Una persona perdida en el bosque que intenta encontrar el norte verdadero utiliza la curiosidad específica[3].

En 1994, George Loewenstein contribuyó a esta obra creando la «teoría de la brecha de información» en un artículo para el *Psychology Bulletin* [El boletín de psicología] llamado «La psicología de la curiosidad»[4]. Esta teoría sugiere que activamos la curiosidad cuando sentimos que hay una brecha en nuestro conocimiento o comprensión que necesitamos llenar. Esta falta de conocimiento es como un picor que hay que rascar. La curiosidad es el acto de rascarse ese picor.

Edward Deci es otra persona que perfeccionó el concepto de curiosidad. En la década de 1970, sostuvo que no solo somos curiosos para evitar sensaciones negativas; sino que también nos motiva para buscar estímulos positivos. Queremos motivarnos a explorar, aprender y crecer; a buscar novedades y desafíos; y a poner a prueba nuestras capacidades. Cada vez que una persona elige un nuevo pasatiempo, domina una nueva habilidad o explora un nuevo tema, en última instancia está ejercitando la curiosidad.

Estos y otros conceptos llevaron al equipo de investigadores del Dr. Todd Kashdan a desarrollar el Inventario de Curiosidad y Exploración, un modelo de dos factores de la curiosidad[5] (recientemente ampliado a un modelo de cinco factores).

El Inventario de Curiosidad y Exploración de Kashdan utiliza dos factores: «exploración» y «absorción», a fin de medir la curiosidad en otros. «Exploración» es la motivación por buscar nueva información y experiencias. «Absorción» es la disposición de recibir las incertidumbres y la naturaleza

La escala de la curiosidad

En función de sus respuestas a 10 elementos, se puntuó a las personas en términos de su motivación, a fin de buscar lo nuevo y su disposición a aceptar lo incierto.

● Curiosidad alta ● Curiosidad moderada ● Curiosidad baja

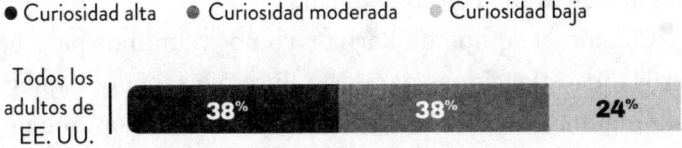

Todos los adultos de EE. UU. | 38% | 38% | 24%

Lee cada una de las siguientes declaraciones y decide en qué medida estás de acuerdo con cada una según tus creencias y experiencias.

% muy de acuerdo

● Todos los adultos de EE. UU.

Declaración	%
Busco activamente toda la información que pueda en situaciones nuevas	31%
Veo las situaciones desafiantes como una oportunidad para crecer y aprender	23%
Con frecuencia busco oportunidades para desafiarme y crecer como persona	19%
Adondequiera que voy, busco cosas o experiencias nuevas	18%
Siempre busco experiencias que desafíen mi forma de pensar sobre mí mismo y el mundo	18%
Estoy en mi mejor momento cuando hago algo que es complejo o desafiante	17%
Soy el tipo de persona que acepta a la gente, los hechos y los lugares desconocidos	15%
Soy el tipo de persona que disfruta de veras de la incertidumbre de la vida cotidiana	11%
Prefiero trabajos que sean emocionantes e imprevisibles	10%
Me gusta hacer cosas que me dan un poco de miedo	7%

n=1501 adultos estadounidenses, 19-23 de febrero de 2023.
Fuente: Barna Group

imprevisible de la vida cotidiana. Explorar es el interés por aprender. Absorber es entender que aprender puede llevarte más allá de tu zona de comodidad.

Cuando el equipo de Barna y yo nos reunimos para hacer las investigaciones para este libro, yo sabía que quería usar algunas de las medidas de la curiosidad. Combinando los principios y preguntas de las teorías que he mencionado, sondeamos personas acerca de rasgos como su deseo de información o experiencias nuevas, o su relación con lo imprevisible o desconocido.

A continuación, pudimos calificar a los encuestados en un espectro de curiosidad alta, moderada y baja, a fin de seleccionar a los más curiosos.

A lo largo de este libro, nos basaremos en estos temas y utilizaremos los datos para destacar otras formas en las que se manifiesta la curiosidad. Esta metodología nos da al menos un punto de partida para comenzar a explorar el compromiso con las personas de manera más amplia, ya que tratamos de llevarle las Buenas Nuevas a la gente en un mundo quebrantado.

Perfiles de los curiosos (y no tan curiosos)

A todos los encuestados los calificamos utilizando estas medidas, y encontramos estos perfiles distintivos.

Los curiosos

El 54 % de los no cristianos y cristianos no practicantes mostraron una curiosidad moderada o alta. Se trata de una parte significativa de la población. Al principio, este grupo fue el centro de nuestra investigación, pero cuando aplicamos sus creencias en lo sobrenatural, comenzamos a ver que surgían dos perfiles más fuertes: el curioso escéptico y el curioso espiritual. Aunque el grupo de curiosidad moderada se parece a estos dos perfiles, descubrimos que seleccionarlos nos ayudaba a entender los matices entre los grupos. ¿Qué significa esto? Solo esto: en una era de espiritualidad abierta, las creencias de la gente son fluidas. Debemos saber que la población curiosa es numerosa, y que podemos usar lo que aprendemos sobre los curiosos espirituales y los curiosos escépticos, a fin de llegar a todos los curiosos.

Los curiosos espirituales

Los curiosos espirituales, según nuestra definición, son los que creen que existe un reino sobrenatural. Esto no solo incluye a los no cristianos, sino también a los cristianos no practicantes. Creo que muchos en este grupo pueden necesitar poco más que una introducción a la dinámica de una vida espiritual en Cristo para cruzar el abismo hacia una vida de fe en Jesús. Estos están abiertos a aprender más y aceptar nuevas ideas. Sin embargo, es probable que estemos perdiendo la oportunidad de involucrar a este grupo, pues no nos acercamos a ellos con la postura adecuada de humildad intelectual o experiencial. Por muy abiertos que estén a las enseñanzas cristianas, a los curiosos espirituales les desagradan las respuestas simplistas o estereotipadas a sus preguntas reflexivas y personales.

Este grupo responde bien a la empatía, ya que experimentan soledad, ansiedad y un profundo sentimiento de estar abrumados en la vida. Las respuestas simples que no son sensibles y no se relacionan con sus necesidades sentidas acabarán con la conversación.

Los curiosos escépticos

Este grupo muestra una gran curiosidad, pero es una curiosidad arraigada en el escepticismo. Los curiosos escépticos no están seguros de qué creer sobre el reino sobrenatural o de si se puede saber algo con certeza sobre su existencia, pero eso no significa que no estén interesados en escuchar otras opiniones sobre el asunto. La apologética tradicional, con un enfoque en las objeciones intelectuales al cristianismo, como el problema del mal o la evidencia histórica, puede resultar atractiva para este grupo. Aun así, lo más probable es que la apologética por sí sola no sea suficiente. Se requerirá algo más para captar la apertura que muestra este grupo. La falta de humildad intelectual por parte de cualquier persona o iglesia que intente conectar con ellos será la mayor barrera para llegar a este grupo.

Los naturalistas

Los naturalistas están convencidos de que lo que experimentamos con nuestros cinco sentidos es todo lo que hay que experimentar. Están renuentes a la idea de que exista un reino sobrenatural.

Este segmento de la población representa casi el 10 % de los encuestados, el equivalente aproximado de unos veinticinco millones de personas (entre los más de 250 millones de adultos estadounidenses).

Sin embargo, es probable que la mayor parte de nuestros esfuerzos apologéticos actuales se hayan dedicado a responder a este grupo. Una cantidad considerable del tiempo y los recursos de la iglesia se han destinado a intentar convencer al mundo de que el reino espiritual es real. Y, no obstante, según nuestras investigaciones, ¡son muy pocas las personas que necesitan convencerse de esto! A finales de la década de 1920, los cristianos temían que el Juicio del Mono de Scopes allanara el camino para el ascenso del naturalismo en Estados Unidos, pero en el último siglo no se ha producido un descenso significativo en el número de personas que creen en el reino sobrenatural. En general, los estadounidenses creen que hay algo más en la vida que lo que experimentamos con nuestros cinco sentidos.

Aunque en ocasiones haremos referencia a los naturalistas y a los curiosos escépticos, los curiosos espirituales son el objetivo principal de este libro. Contrastaremos sus creencias, experiencias y preferencias con las de los cristianos practicantes, que constituyen la mayoría de los asistentes habituales a nuestras iglesias en la actualidad.

Los curiosos espirituales

Ahora que conocemos nuestros segmentos clave de la población y algunas de sus características, comencemos a profundizar en los curiosos espirituales. Presentaré ocho cualidades de los curiosos espirituales, y continuaremos analizándolas mientras nos sentamos con este grupo de mente abierta.

1. Los curiosos espirituales no tienen opiniones firmes sobre lo sobrenatural, pero creen que existe.

El 47 % de los estadounidenses están seguros de que existe una dimensión espiritual o sobrenatural en la vida. ¿No es eso sorprendente? Aunque no atribuyan lo invisible a ningún tipo de deidad (piensa en la energía psíquica o la física de partículas), saben que hay algo más. Eclesiastés 3 dice que Dios «puso en la mente humana la noción de eternidad» (v. 11). Por nuestra definición, el 100 % de los curiosos espirituales cree en la existencia de un mundo sobrenatural.

2. Los curiosos espirituales están abiertos a las experiencias y los experimentos relacionados con lo espiritual.

Los curiosos espirituales están dispuestos a explorar. Hay miles de retiros espirituales, seminarios y talleres que ofrecen la promesa de avances significativos. La gente quiere tener la oportunidad de «probar» algo de manera concentrada, pero sin comprometerse, ya que está abierta a nuevas formas de pensar y enfoques de la vida.

3. Los curiosos espirituales son menos proclives a abrirse a experiencias religiosas institucionales.

Para bien o para mal, las experiencias institucionales tradicionales de la iglesia son menos interesantes. Esto puede deberse al hecho de que se han vuelto demasiado conocidas, incluso para quienes nunca las han probado. No sienten especial curiosidad por la «religión organizada», pues creen que ya han visto la mayor parte de lo que ofrece. Además, la «iglesia» tiene bastante carga asociada con los escándalos y la mala prensa. Los curiosos espirituales pueden disuadirse de explorar de manera más profunda la «iglesia» debido a que la institución los ha herido a ellos o a personas cercanas.

4. Los curiosos espirituales necesitan seguridad para sus dudas y preguntas.

Hoy en día, la gente tiene acceso a una información increíble. A través de la internet y las redes sociales, pueden hacer sus preguntas más personales sin que se les juzgue, avergüence o corran el riesgo de la humillación. Una de las conclusiones clave que analizamos por primera vez en *Fe para los exiliados* es un simple hecho de la era moderna: Las pantallas *hacen discípulos*. Y a medida que surjan la inteligencia artificial y otras nuevas tecnologías, las personas dependerán cada vez más de la privacidad de sus propias pantallas para buscar las respuestas que buscan.

A veces les pregunto a los jóvenes con los que trabajo cómo es su historial de búsqueda. Como es obvio, esta es una pregunta que invita a muchas respuestas vulnerables. A medida que comentan el tipo de preguntas que hacen en línea, me he dado cuenta de que realizan preguntas que nunca tendré la oportunidad de ayudarlos a responder, a menos que se sientan seguros de presentármelas a mí. Necesitamos que la iglesia sea un lugar donde las personas puedan traer sus preguntas y dudas de manera segura. Si queremos que la gente confíe en nuestras respuestas, primero tenemos que garantizarle que puede hacer sus preguntas con seguridad.

5. Los curiosos espirituales quieren más intensidad en sus experiencias, no menos.

Esto me sorprendió. A menudo tratamos de hacer que la puerta de entrada hacia las experiencias espirituales sea tan inofensiva y accesible como podamos. Hacemos todo lo posible para que la iglesia parezca informal y eliminamos todo lo que pueda parecer demasiado «religioso» o «tradicional». Aunque no hay nada malo en usar la empatía para pensar en cómo otros experimentan la espiritualidad, existe la sensación entre los curiosos espirituales que quieren lo auténtico, no algo diluido o filtrado. Me atrevo a decir que los curiosos espirituales reciben bastante de lo «casual» en su vida diaria. Si vienen a la iglesia, quieren una iglesia de verdad, auténtica. Entonces, si bien las experiencias deben considerarse con sumo cuidado, necesitamos confiar en que Dios encontrará a cada persona donde está.

6. Los curiosos espirituales ven los asuntos espirituales como algo menos existencial y más práctico de lo que se podría esperar.

La mayoría de las personas no se plantean las grandes cuestiones de la vida tanto como nos gustaría creer. Cuestiones como el sentido de la vida y lo que ocurre cuando morimos no son tan «prioritarias» para estas personas como lo fueron, por ejemplo, para San Agustín o Søren Kierkegaard. Esto no significa que estas cuestiones no sean importantes, pero la mayoría de las personas buscan primero resolver problemas prácticos. Procuran resolver problemas relacionados con las finanzas, las relaciones y la salud (el día a día) más que encontrar sentido y significado. Gracias a Dios que la fe cristiana ofrece sabiduría para ambos campos. Si la iglesia puede mostrarles a estas personas cuán relevantes son las enseñanzas de Jesús para sus preocupaciones más inmediatas, podrán estar más inclinadas a confiar en sus respuestas a las grandes preguntas.

7. Los curiosos espirituales entienden a Jesús más por su comportamiento como figura histórica o mitológica que como un medio para la salvación.

En nuestra investigación sobre las percepciones que la gente tiene de Jesús, es mucho menos probable que identifiquen a Jesús como Rey o Salvador que los cristianos practicantes y los pastores, y mucho más como un maestro, una persona compasiva o alguien que se opone a la injusticia o perdona a quienes le hacen daño. Es mucho menos probable que los pastores y los cristianos elijan estos descriptores, lo que nos indica que, cuando les presentamos a Jesús a los curiosos espirituales, debemos ser conscientes de su marco de referencia Admiran de manera profunda a Jesús y es probable que deseen que más gente tome en serio sus enseñanzas sobre la bondad y la compasión. Puede que incluso estén dispuestos a reconocer que no siempre están a la altura de su ejemplo. Sin embargo, es menos probable que piensen en Él como un Salvador.

8. Los curiosos espirituales tienden al HTM (hazlo tú mismo) en cuanto a la dirección espiritual.

En nuestra cultura de hazlo tú mismo, la gente está acostumbrada a utilizar los motores de búsqueda para encontrar respuestas a sus preguntas. No necesariamente tienen a otra persona que sea su guía experta. En cambio, cuando las personas curiosas contemplan su deseo de crecer espiritualmente, es posible que se miren a sí mismas como una fuente confiable más que a cualquier otra relación, incluidos líderes religiosos, familiares o amigos.

Guía del HTM

En una visita reciente, mi médico entró en la sala de tratamiento y me preguntó: «Entonces, ¿qué crees que tienes?».

¡Qué pregunta inicial tan provocadora!

«Sé que has buscado en Google todos tus síntomas y has estado leyendo. Dime a dónde has llegado».

Mi médico entendía que la cultura del HTM es mucho más que usar los tutoriales de YouTube para saber cómo desobstruir un inodoro, reparar un auto o aprender a tocar la guitarra. La gente usa el internet para cuidarse a sí misma. La internet se ha convertido en nuestro manual de usuario para la vida, y eso incluye cosas como nuestra salud física, y hasta nuestra salud mental y nuestras relaciones. Nos estaríamos engañando si pensáramos que la gente no hace lo mismo con las búsquedas y las preguntas espirituales también.

Ahora bien, yo no estoy promoviendo aquí una fe del HTM en la que la gente pueda elegir sus propias creencias. No obstante, tenemos que reconocer que la gente no confía mucho de las fuentes tradicionales. Muchos piensan que las fuentes tradicionales han sido fuente de desilusión e incluso de dolor. No quieren un experto intermediario entre ellos y la verdad espiritual. Quieren deshacerse del intermediario, explorar por sí mismos y solo ir a los expertos cuando se sientan cómodos con el panorama.

Esto es particularmente cierto en el caso de los milénicos, en gran parte porque los expertos y las autoridades los han defraudado en casi todos los ámbitos desde que eran adolescentes. Con figuras destacadas del deporte corruptas; oficiales del gobierno que les mienten; líderes empresariales que se protegieron a sí mismos mientras que sus empleados sufrían; líderes religiosos que renunciaron por la codicia, el orgullo o la conducta sexual; la «gran apuesta» que provocó la caída del mercado en 2008 y los encubrimientos que le siguieron; y la idea de que ya nadie confía en los medios de comunicación: la gente ya no confía en las instituciones ni en los líderes como lo hacía en el pasado. A veces, a los milénicos se les llama como «la generación desafortunada», pues entre el 11 de septiembre, el COVID-19, la deuda de los préstamos estudiantiles, los numerosos colapsos financieros y el estancamiento de los salarios a pesar de que el costo de la vida se ha disparado, muchos de ellos sienten que se han pasado la vida siguiendo las reglas y que tienen muy poco que mostrar a cambio. Existe la sensación, sobre todo entre los jóvenes, de que con el único que se puede contar es con uno mismo. Si bien esto se observa con claridad entre las generaciones más jóvenes, la totalidad de la población, a lo largo de las generaciones, se ha visto afectada, lo que ha provocado (y es un ejemplo) una desintegración de la comunidad.

El HTM no consiste en construir una nueva fe, sino en comprender que las personas necesitan autonomía y recursos para tomar decisiones en las que puedan creer. No buscan un líder que siga fielmente el único buen camino, sin hacer preguntas. Buscan a alguien que guíe su exploración y les ayude a procesar lo que aprenden a lo largo del camino.

Y es por eso por lo que debemos vernos como guías (docentes de museos) en su viaje. Quieren y necesitan vivir la experiencia por su cuenta, pero no les importa que un amigo los acompañe en el camino.

En *Fe para los exiliados*, David Kinnaman y yo introdujimos un concepto para describir los cambios que eran necesarios para discipular a otros a la luz de los cambios culturales de la revolución digital. La rápida conciencia de las diversas perspectivas nos ha hecho experimentar lo que llamamos «Babilonia digital», una pluralización de visiones del mundo que conduce a un ritmo de vida caótico y frenético que ha desafiado nuestras identidades[6]. Antes de la revolución digital, la mayoría de las personas tenían que buscar deliberadamente nuevas visiones del mundo. Y si las buscaban, podían investigarlas de manera lenta y reflexiva. Hoy, sin embargo, nos bombardean con cientos de visiones del mundo dispares todos los días, a todas horas. Nos llegan demasiado rápido para que la mayoría de nosotros siquiera las notemos, y mucho menos las analicemos.

Dado que vivimos en esta Babilonia digital, Kinnaman y yo defendimos la necesidad de discipular a las personas de manera diferente a como lo hacíamos en el pasado. Argumentamos que necesitamos formar discípulos con resiliencia en vez de fortaleza para desarrollar una fe duradera.

Como exministro de jóvenes, solía centrarme en desarrollar en los jóvenes una fe sólida que resistiera la prueba del tiempo. Sin embargo, hay muchas cosas fuertes que en realidad son bastante frágiles. Algo que es demasiado rígido puede quebrarse en dos. Una vez que se rompe, no es fácil reconstruirlo. A menudo, se rompe para siempre.

Ser resiliente es diferente a ser fuerte. Las cosas resilientes pueden doblarse sin romperse. Es más, al igual que la tensión que se produce al levantar pesas, la flexión a menudo las hace aún más fuertes. Si algo resiliente parece aniquilado, puede volver a la vida como un bosque después de un incendio. Este tipo de resiliencia es una mejor cualidad para desarrollar en un discípulo que la simple fortaleza. A los discípulos resilientes se les puede retar, presionar y estirar sin comprometer su estructura general.

Reconocemos que hay cristianos que creen en la existencia espiritual o sobrenatural. Es más, están bastante convencidos. Se comprometen a asistir a la iglesia, orar y leer las Escrituras. Desde fuera, su fe parece fuerte, pero en realidad es una fachada. Si se pone en tela de juicio, esta fe podría desmoronarse con facilidad.

En los últimos años hemos visto un fenómeno conocido como la *deconstrucción*, en el que los cristianos (por lo general, en sus años de adultos jóvenes, pero no siempre) están derribando parte de esa fe al parecer «fuerte», pero frágil. El 43 % de las personas con algún tipo de trasfondo cristiano (y el 30 % de todos los adultos de EE. UU.) afirman haber «deconstruido la fe de su juventud» (consulta la encuesta «Abiertos en lo espiritual» en la página 228).

Esto ha causado bastante preocupación. En capítulos posteriores, explicaré por qué debemos ver la deconstrucción como algo positivo. No obstante, por el momento, quiero que estés abierto a la idea de que este rápido cambio provocado por la Babilonia digital también ha resultado en una era de apertura espiritual, y esta era está revelando la fragilidad de nuestro discipulado. *Fe para los exiliados* se publicó justo antes de la pandemia y fue un poco profético, pero creo firmemente que no hemos captado del todo la lección que nos ofreció la pandemia.

El COVID-19 le dio a la iglesia una oportunidad que probablemente todavía no hemos aprovechado por completo. Durante la pandemia, dirigí cientos de horas de seminarios web, muchos con líderes eclesiásticos preocupados que querían saber cuándo volveríamos «a la normalidad». Les supliqué a los líderes que aprovecharan el momento. La iglesia institucional necesitaba una actualización: la pandemia nos ofreció la oportunidad de tener una venta garaje masiva. En lugar de «volver a la normalidad», argumenté que esta era la oportunidad de crear una nueva normalidad, muy necesaria, mejor preparada para afrontar los retos actuales.

Organicé numerosos talleres con líderes de iglesias y organizaciones sin fines de lucro, y uno de los juegos en los que participamos fue «conservarlo, frenarlo, renovarlo». Nunca la iglesia ha tenido una oportunidad de «frenar» tantas reliquias que hemos acumulado con el tiempo. Basta ya de poner vino nuevo en odres viejos. Comencemos a pensar en las cosas nuevas que Dios está interesado en hacer por medio de nosotros.

Lo que esos talleres me revelaron fue lo siguiente: la visión cristiana del mundo se ha «hiperestancado» con la rápida aparición de la Babilonia digital. El mundo ha cambiado a un ritmo vertiginoso, y gran parte de la respuesta de la iglesia ha sido una posición reaccionaria a la defensiva. Cuanto más cambia la Babilonia digital, más cambia el mundo con ella.

Un análisis más detallado de los curiosos espirituales

PRACTICAN UNA ESPIRITUALIDAD QUE...

Busca

64% | Dos tercios dicen: «Me gusta pasar tiempo pensando en nuevas ideas».

57% | A la mayoría le interesa conocer las opiniones de los demás, «aunque no estén de acuerdo».

55% | «Crecimiento» es el término principal que usan para describir su espiritualidad. Otras frases comunes incluyen «abierto», «curioso» o «explorador».

Conmueve

63% | Casi dos de cada tres dicen tener experiencia de primera mano de «algo que solo puede explicarse por razones sobrenaturales o espirituales».

73% | Tres cuartas partes han orado a Dios en la última semana.

47% | Casi la mitad afirma practicar la meditación. Aproximadamente un tercio incorpora la atención plena o el yoga a sus rutinas.

Y es autosuficiente

62% | ¿A quién recurrirían los curiosos espirituales si quisieran crecer espiritualmente? «A mí mismo». (Es, con diferencia, la fuente o figura en la que más confían).

54% | Cuando se les pide que identifiquen las emociones que sienten con regularidad, su selección más popular es «confianza en mí mismo»

n=200 adultos estadounidenses no cristianos o cristianos no practicantes, 19-23 de febrero, 2023. Fuente: Grupo Barna

Resulta útil identificar las creencias de quienes, fuera de la iglesia, muestran una gran apertura espiritual. Sin embargo, obtenemos una imagen más llena de vida cuando examinamos también su temperamento, sus relaciones y sus rutinas. He aquí algunos de sus rasgos más destacados:

MUESTRAN UNA CURIOSIDAD QUE SE MANIFIESTA EN...

Comunidad

La mayoría de las personas curiosas espirituales están en relaciones que les llaman hacia algo más grande.

«Tengo al menos un amigo íntimo al que le confío mis secretos» — **60%**

«Tengo a alguien en mi vida, que no es un familiar, a quien — **58%** puedo acudir para pedirle consejo sobre cuestiones personales»

«Mis amigos me ayudan a ser mejor persona» — **55%**

«Tengo amigos y familiares que son sinceros — **54%** conmigo sobre mis debilidades»

«Hay alguien en mi vida que me anima a — **50%** crecer espiritualmente»

Convicciones

Más de tres cuartas partes creen hasta cierto punto que existen múltiples caminos hacia la vida eterna. | **78%**

Tres de cada cuatro afirman que estar abiertos a donde la fe nos lleve es más importante que estar seguros de las creencias religiosas. | **76%**

Los curiosos espirituales son tan propensos a creer en la reencarnación como a creer que la gente se enfrenta al juicio de Dios después de la muerte. | **39%**

Y conversación

«Disfruto participando en conversaciones y experiencias espirituales que...»

Me dan esperanza — **53%**
Me dan un propósito — **50%**
Me dan la oportunidad de tomar mis propias decisiones — **45%**
Me animan a pensar de forma diferente — **43%**
Me permitan conocer las creencias de otras personas — **42%**

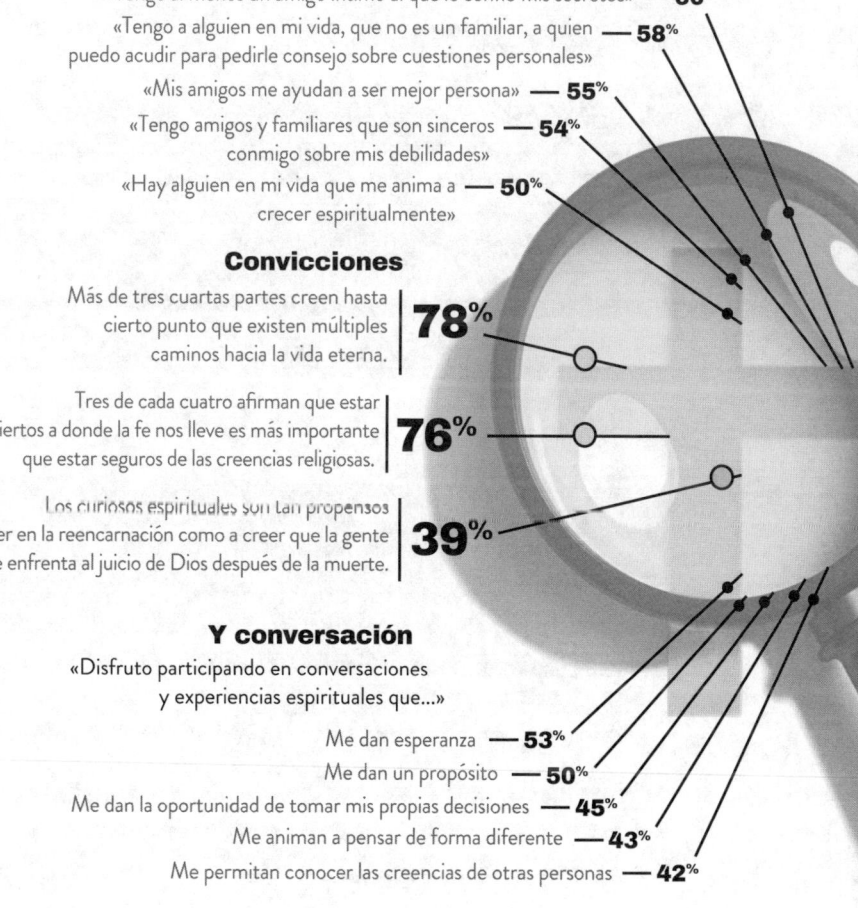

CAPÍTULO 3

Los curiosos escépticos

Una cosa que me encanta de investigar es que siempre tienes trabajo. Ningún proyecto de investigación responde a todas las preguntas, y un proyecto abre preguntas para el siguiente.

Esto es cierto cuando tratamos de entender a los curiosos espirituales. Todos aportamos suposiciones a nuestras preguntas de investigación, y al principio pensé en los curiosos como un gran grupo. Sin embargo, en el proceso de hacer el análisis estadístico, los investigadores de Barna y yo descubrimos que entre los no cristianos y los cristianos no practicantes que eran curiosos, en realidad había dos categorías de personas: los curiosos espirituales y lo que llegamos a llamar los curiosos escépticos, que presenté brevemente antes.

Me debatí entre mantenerlos agrupados en un solo grupo, pero las diferencias eran marcadas. El grupo de los curiosos espirituales (sin los curiosos escépticos) era sobre el grupo del que quería escribir en realidad. En cambio, los curiosos escépticos son un grupo significativo, y tiene sentido dedicar un poco de tiempo a manifestar las diferencias.

Características de los curiosos escépticos

Ambos grupos obtienen una puntuación más alta en nuestra escala de curiosidad, pero sus respectivas visiones del mundo acerca de lo sobrenatural son lo que los convierte en dos grupos distintos. Los curiosos espirituales tienen fuertes convicciones sobre la existencia de un mundo sobrenatural. Los curiosos escépticos creen que no hay forma de saberlo (62 %) o no están seguros de sus creencias (38 %). Los curiosos espirituales están convencidos de que existe algún tipo de mundo espiritual. Los curiosos escépticos no están tan convencidos, pero no se cierran a la posibilidad.

Debido a esto, verás que muchos curiosos escépticos muestran alguna creencia a lo largo del camino, casi siempre bajo la influencia de sus experiencias personales con lo sobrenatural. Estas creencias varían mucho entre los curiosos escépticos, por lo que es difícil preverlas con alguna coherencia. Por eso, las relaciones personales son el mejor contexto para comprender a estos individuos, en lugar de basarse por completo en las etiquetas generales que utilizamos aquí.

Sin embargo, hay algunas características que encontramos con frecuencia en este grupo.

Los curiosos escépticos están menos seguros de los conceptos espirituales que los curiosos espirituales

El rasgo que distingue a los curiosos espirituales de los curiosos escépticos es el grado de certeza que tienen sobre la realidad espiritual. Dos tercios de los curiosos espirituales (64 %) están «seguros por completo» de que existe una dimensión espiritual en la vida, frente a solo el 20 % de los curiosos escépticos. Los curiosos espirituales no están necesariamente seguros de comprender los detalles de esta dimensión espiritual, pero están convencidos en gran medida de su existencia. Los curiosos escépticos están mucho menos seguros.

Del mismo modo, vemos que el 54 % de los curiosos espirituales están convencidos por completo de que existe una vida después de la muerte, en comparación con solo el 22 % de los curiosos escépticos. Los curiosos escépticos son más propensos a creer en el cielo (50 %) y en el infierno (37 %) que los curiosos escépticos (24 % y 13 %, respectivamente). Además, un sorprendente 70 % de los curiosos espirituales creen que hay cosas que la ciencia no puede explicar, en comparación con solo el 43 % de los curiosos escépticos.

Por lo tanto, como podemos ver, algunos curiosos escépticos no están cerrados por completo a la idea de un reino sobrenatural. Solo lo abordan desde una posición de escepticismo.

Los curiosos escépticos ponen límites a las posibilidades sobrenaturales

Para cada una de las siguientes posibilidades, indica el grado de certeza que tienes:

% seguro por completo

	Todos los adultos de EE. UU.	Cristianos practicantes	Cristianos espirituales	Cristianos escépticos	Naturalistas
Hay cosas que la ciencia no puede explicar	56%	76%	70%	43%	27%
El cielo es un lugar real	44%	83%	50%	24%	1%
Existe una dimensión espiritual en la vida	42%	70%	64%	20%	–
Existe una vida después de la muerte	40%	74%	54%	22%	–
El infierno es un lugar real	32%	67%	37%	13%	3%

n=1 501 adultos de EE. UU., 19-23 de febrero de 2023.
Fuente: Barna Group

Los curiosos escépticos se interesan por las experiencias espirituales y quieren más

Lo que de veras quiero señalar sobre el curioso escéptico es que es más fácil confundirlo con un naturalista. Y cuando nosotros, como cristianos practicantes, hablamos con curiosos escépticos como si fueran naturalistas estrictos, tendemos a alejarlos.

Como ya comentamos, los naturalistas constituyen un porcentaje muy pequeño de la población total. Lo que distingue al curioso escéptico es su falta de convicción sobre el mundo sobrenatural y el origen del universo. Recuerda, el naturalista cree que no hay nada más allá de lo que se puede experimentar con los cinco sentidos y explicar a través del método científico. El escéptico curioso no está tan seguro. Incluso si el escéptico no cree que «podamos saber» la respuesta, está abierto a la idea de que un poder superior (es probable que Dios) creó el universo.

Es importante señalar que solo el 19 % de los curiosos escépticos cree que no existe tal cosa como Dios. Uno de cada tres cree en un concepto judeocristiano de Dios. Casi uno de cada seis cree que Dios es la realización del potencial humano; es decir, lo que la humanidad llama «Dios» es más bien una conciencia colectiva, o algo por el estilo (consulta el gráfico de la p. 158).

Para entender la distinción que hago aquí, y por qué debemos tener cuidado al tratar a los curiosos escépticos como naturalistas, profundicemos un poco más en las diferencias entre estos dos grupos.

Los curiosos escépticos están más dispuestos que los naturalistas a explorar nuevas creencias

Aunque los curiosos escépticos no son tan abiertos como los curiosos espirituales, nos acogen con agrado las oportunidades de explorar nuevas creencias, lo que demuestra una vez más la importancia de pensar a través de la lente curiosa en nuestros esfuerzos de divulgación.

Los curiosos escépticos están más dispuestos que los naturalistas a pensar de forma diferente

Mientras que los naturalistas son más bien introvertidos y se sienten cómodos siéndolo, los curiosos escépticos nos dicen que están abiertos a discusiones espirituales que los animen a pensar de forma diferente. Consideran sus creencias como arcilla húmeda, aún en proceso de formación y sujetas a ser moldeadas y remodeladas por nuevas experiencias e información.

Con frecuencia, los curiosos escépticos buscan esperanza y significado en las conversaciones espirituales

Es fundamental tener esto en cuenta. Aunque el curioso escéptico quiera debatir, busca resultados diferentes a los de sus homólogos naturalistas. El curioso escéptico busca incluso más esperanza y significado en sus discusiones espirituales de lo que busca certeza.

Un mundo de curiosidad

Las personas que no han pasado mucho tiempo rodeadas de cristianos suelen sorprenderse de la diversidad de pensamiento que existe en la iglesia. Hay calvinistas que creen que Dios predestina a la gente para ir al cielo, y hay arminianos que creen que Dios deja esa elección en manos de los seres humanos. Hay cristianos que bautizan a niños y cristianos que solo bautizan a adultos. Hay cristianos que prefieren la versión Reina-Valera Antigua y cristianos que prefieren la Nueva Versión Internacional. En ocasiones, estos diversos subgrupos de cristianos se llevan muy bien. A veces, las cosas se ponen un poco tensas. Sin embargo, la cuestión es que no se puede pintar a todo el segmento de la humanidad que se identifica como cristiano con una sola brocha gorda.

Del mismo modo, los cristianos debemos tener cuidado de no pintar a los que sienten curiosidad espiritual con una brocha gorda. Como vimos, el interés por la fe adopta varias formas diferentes. Tenemos que dedicar tiempo a comprender a las personas con curiosidad espiritual con las que nos cruzamos y llegar a conocer las particularidades de su curiosidad. Una vez que reconocemos cuántas maneras diferentes hay de explorar la espiritualidad, podemos comenzar a responder sus preguntas con la seriedad y el entusiasmo que merece esta curiosidad.

Lo milagroso

Hace poco almorcé con un hombre que se identifica como ateo y al que conozco desde hace casi una década. Creo que, si le contara de las varias categorías que he desarrollado para este proyecto, es posible que eligiera la de curioso escéptico. Apreciaba que no siempre hiciera que nuestras reuniones tuvieran un enfoque espiritual, pero acababa de regresar de un viaje a Israel y le pregunté qué le parecía más significativo.

Aunque no se describió como alguien que tuvo una experiencia espiritual, dijo que el viaje le causó un profundo impacto, sobre todo al hacer que se rompieran algunas brechas en el sistema de creencias que había construido acerca de su perspectiva sobre el aspecto espiritual de la vida. Este joven es increíblemente inteligente y reflexivo; pude percibir que estaba pasando por un momento de búsqueda de sentido. Me ofrecí a ayudarlo.

Parte de su lucha con la fe se debía a la dependencia de muchas personas religiosas de los textos sagrados. Sin embargo, después de visitar el país donde se produjeron muchos de los acontecimientos de estos textos, empezó a considerar la credibilidad de las Escrituras como algo más que pura ficción. Seguía teniendo problemas con los incidentes milagrosos, como la división del mar Rojo, pero teorizó que algunos de ellos podían haber sido incidentes perfectamente naturales que se exageraron con el tiempo.

Creo en los milagros, pero me interesan más las verdades que enseñan. Le expresé cómo un popular comentarista bíblico, William Barclay, no creía en la naturaleza sobrenatural de los milagros de Jesús. Aunque leía mucho a Barclay en el instituto, nunca me había dado cuenta de que no creía en los milagros literales de Jesús hasta que estaba en la universidad, pues las verdades que extraía de ellos me cambiaban la vida.

Le conté a mi amigo cómo la historia de alimentar a las multitudes podía tener un significado profundo tanto si se producía un milagro literal como si no. Lo que de veras importaba no era el milagro, sino lo que cambiaba en el corazón de la gente. Barclay no cree que Jesús multiplicara literalmente los alimentos hasta que hubo suficiente para todos, pero la lección que extrae de ello para nuestras propias vidas sigue siendo valiosa para nosotros hoy en día:

> La gente estaba hambrienta, pero era egoísta. Todos llevaban algo de comer, pero no lo querían sacar para no tener que compartirlo con otros. Los Doce pusieron a disposición de todos sus reducidos recursos, y entonces otros se sintieron movidos a sacar lo que tenían, y al final hubo más que suficiente para todos. Así es que se puede considerar como un milagro que cambió a las personas reservadas y egoístas en personas generosas, un milagro en el que Cristo cambió el interés de cada uno en sí mismo en voluntad de compartir[1].

Fue una conversación breve, pero terminó con una perspectiva más esperanzadora y una nueva forma de empezar a aceptar la verdad de las Escrituras.

Ahora debo decirles que cuando yo, a la supersabia edad de veinte años, me enteré de que Barclay no aceptaba los milagros de Jesús, no volví a leer ninguno de sus comentarios durante al menos una década. Estaba muy desilusionado. Sin embargo, aquí estaba años más tarde, usando el ejemplo de Barclay para ayudar a un escéptico curioso a comenzar a confiar en que el texto de las Escrituras está vivo y es capaz de ayudarlo a conocer a Jesús de una manera que nunca imaginó.

Viajar con un curioso escéptico es una de las mayores alegrías que podemos tener como creyentes. Este tipo único de escéptico a menudo puede ayudarnos a profundizar nuestra propia fe, pues descubrimos que tenemos que confiar en Jesús mientras los ayudamos a hacer lo mismo.

La vida después de la muerte

En algún momento del viaje con un curioso escéptico, llegará el momento cuando el tema de la vida después de la muerte entre en la conversación (y mi experiencia es que la mayoría de la gente está dispuesta a expresar sus puntos de vista en este asunto). Esta es otra oportunidad para ofrecer esperanza. La investigación muestra que más de la mitad (58 %) de los curiosos escépticos no saben qué les sucederá cuando mueran (consulta el gráfico en la página 129). Esto puede ser un buen tema de conversación. Aunque una abrumadora mayoría de naturalistas siente lo mismo, ese grupo es significativamente más propenso que cualquier otro a creer que solo dejamos de existir, mientras que los curiosos espirituales creen por igual en la reencarnación y el juicio ante Dios.

Cómo se relaciona la curiosidad con las opiniones sobre la vida después de la muerte

¿Cuál de las siguientes opciones describe mejor tu opinión sobre lo que sucede cuando una persona muere?

	Todos los adultos de EE. UU.	Cristianos practicantes	Cristianos espirituales	Cristianos escépticos	Naturalistas
Se enfrentan al juicio de Dios por sus decisiones aquí en la tierra	45%	72%	39%	36%	4%
Su espíritu se reencarna y vuelve a la tierra en otra forma	21%	16%	39%	17%	7%
Su espíritu se termina y deja de existir	17%	4%	5%	25%	58%
Algo más	17%	8%	16%	21%	32%

n=1 501 adultos de EE. UU., 19-23 de febrero de 2023.
Fuente: Barna Group

Lo curioso es que un gran número de adultos estadounidenses se adhiere a la visión judeocristiana tradicional de que enfrentarán algún tipo de juicio por la vida que han vivido. Incluso en nuestra cultura posmoderna y poscristiana, el 45 % por ciento cree que les juzgarán por sus decisiones morales cuando su vida llegue a su fin. Quizá haya algo aquí que pueda darnos una idea de cómo podemos alcanzar a la gente para Cristo.

Un sermón para paganos

Aunque parece que en Estados Unidos solo llevamos un par de décadas hablando de cultura poscristiana, intelectuales como C. S. Lewis llevan utilizando el término desde los años de 1940 para describir la Europa de posguerra. En el número de Navidad de 1946 de la revista *The Strand*, Lewis publicó «Un sermón de Navidad para paganos», donde abordaba las realidades del poscristianismo en la cultura europea. Puede que no haya ningún autor o intelectual que haya tenido más atractivo o éxito en la conversión de escépticos que Lewis (después de todo, él mismo era un escéptico antes de convertirse a Jesús), y su sabiduría en este «sermón» poco conocido nos da una idea de cómo podemos dirigirnos a los escépticos en una época de apertura espiritual. Voy a extractarlo con cierta extensión aquí.

> Cuando me pidieron que escribiera un sermón navideño para paganos, acepté el trabajo con bastante ligereza; pero ahora que me siento a abordarlo, descubro una dificultad. ¿Hay algún pagano en Inglaterra al que pueda escribir?
>
> Sé que la gente sigue diciéndonos que este país está volviendo al paganismo. Pero solo quieren decir que está dejando de ser cristiano. ¿Y eso es lo mismo? Recordemos lo que era realmente un pagano o un gentil (uso las palabras indistintamente).
>
> Un «gentil» significaba un hombre que vivía en el páramo, en la naturaleza salvaje. Un «pagano» significaba un hombre que vivía en un *pagus* o pequeño pueblo. Ambas palabras, de hecho, significaban un «rústico» o «campesino». Databan de la época en que las ciudades más grandes del Imperio romano ya estaban cristianizadas, pero las antiguas religiones de la naturaleza aún persistían en el campo. Los paganos o gentiles eran las personas atrasadas de los distritos remotos que aún no se habían convertido, que aún eran precristianos.

Decir que las personas modernas que se han alejado del cristianismo son paganas es sugerir que un hombre poscristiano es lo mismo que un hombre precristiano. Y eso es como pensar que una mujer que ha perdido a su marido es el mismo tipo de persona que una chica soltera: o que una calle donde han derribado las casas es lo mismo que un campo donde aún no se ha construido ninguna casa[2].

Esta es una idea valiosa: la noción de que el «poscristiano» no es lo mismo que el «precristiano». Lewis continúa enumerando tres formas en que el pagano se diferenciaba de la persona poscristiana.

Ahora bien, el verdadero pagano difería del poscristiano de las siguientes maneras.

En primer lugar, era religioso. Desde el punto de vista cristiano, era demasiado religioso. Estaba lleno de reverencia. Para él, la tierra era sagrada, los bosques y las aguas estaban vivos. Su agricultura era un ritual además de una técnica. Y, en segundo lugar, creía en lo que ahora llamamos un Bien o Mal «objetivo». Es decir, pensaba que la distinción entre actos piadosos e impíos era algo que existía independientemente de las opiniones humanas: algo parecido a la tabla de multiplicar que el Hombre no había inventado, sino que había descubierto que era verdad y que (como la tabla de multiplicar) debía tener en cuenta. Los dioses lo castigarían si no lo hacía.

Por supuesto, según los estándares cristianos, su lista de actos «correctos» o «incorrectos» era bastante confusa. Pensaba (y los cristianos estaban de acuerdo) que los dioses lo castigarían por soltar a los perros sobre un mendigo que llegaba a su puerta o por golpear a su padre; pero también pensaba que lo castigarían por girar la cara hacia el punto equivocado de la brújula cuando comenzaba a arar. Pero, aunque su código incluía algunos pecados y deberes fantásticos, incluía la mayoría de los reales.

Y esto nos lleva a la tercera gran diferencia entre un pagano y un hombre poscristiano. Creer en un Bien y un Mal real significa descubrir que no eres muy bueno [...].

Se le ocurrió que él mismo podría ser una de las cosas que estaban mal en el mundo. Sabía que había pecado. Y lo terrible era que pensaba que los dioses no hacían diferencia entre los pecados voluntarios e involuntarios[3].

La sabiduría de Lewis sobre los retos de alcanzar a los curiosos escépticos depende en gran medida de nuestra capacidad para comprender que el camino hacia Cristo para el poscristiano requiere una serie de pasos adicionales. Es más, Lewis concluye el sermón con lo siguiente:

> Si la visión poscristiana moderna es incorrecta —y cada día me resulta más difícil pensar que es correcta— entonces hay tres tipos de personas en el mundo. (1) Los que están enfermos y no lo saben (los poscristianos). (2) Los que están enfermos y lo saben (paganos). (3) Los que han encontrado la cura. Y si empiezas en la primera clase, debes pasar por la segunda para llegar a la tercera. Porque (en cierto sentido) todo lo que el cristianismo añade al paganismo es la cura[4].

En 1947, Lewis exploró los desafíos de alcanzar a los que, en su opinión, se encontraban en un estado espiritual peor de lo que habrían estado antes de que el cristianismo existiera para ellos. Profundizó en este tema a través de una serie de las llamadas Cartas latinas intercambiadas con el sacerdote italiano Don Giovanni Calabria. A pesar de la barrera del idioma, su correspondencia trascendió las limitaciones lingüísticas. Durante un período de siete años, Lewis y Calabria mantuvieron un intercambio sincero, hasta el fallecimiento de Calabria en 1954.

Un extracto de esas cartas nos da una idea de cómo podríamos acercarnos al curioso escéptico de nuestra época.

Por mi parte, creo que debemos laborar no solo en la evangelización (es cierto) pero también en alguna formación evangélica. Es necesario recordarles a muchos la ley natural antes de hablarles de Dios. Porque Cristo promete el perdón de pecados: ¿pero de qué vale todo ello si no conocen la ley natural y no saben que son pecadores? ¿Quién aceptaría tomar medicamentos excepto a aquel que sabe que está enfermo? Antes de atacar al ateísmo debemos enfrentarnos primero contra el relativismo moral. Casi me atrevería a decir: «Primero hagamos que los jóvenes sean buenos paganos luego hagámoslos cristianos»[5].

La última frase de Lewis («hagámosles buenos paganos, y luego cristianos» [parafraseando]) resume parte del trabajo que se debe hacer con el curioso escéptico.

Cómo ayudar al curioso escéptico

Las conversaciones con curiosos escépticos son situaciones interesantes y enriquecedoras para todos los que toman parte. En mi experiencia, hay algunos caminos a seguir para ayudarlos a explorar de manera eficaz algunas de sus preguntas contigo.

Ayúdalos a definir su sentido de moralidad

Un joven escéptico me dijo que no necesitaba el cristianismo, ya que había formado su propia moralidad que estaba libre de cualquier sentido de religión organizada. Le pedí que escribiera su código moral, lo cual hizo. Como era de esperar, la lista se parecía mucho a los Diez Mandamientos, aunque ligeramente actualizada para abordar con mayor especificidad algunas inmoralidades culturales recientes.

Esta persona en particular se sorprendió cuando le leí los verdaderos Diez Mandamientos, y vio la asombrosa similitud. «¿Qué crees que pudo haber inspirado tu lista?», le pregunté. Continué preguntándole si alguno de sus principios morales era «mayor» que los demás.

Entonces, le expliqué algo acerca de cómo funcionaba la ley del Antiguo Testamento, y le hablé algo acerca del Sermón del monte y de cómo Jesús respondió cuando le pidieron que identificara el mandamiento más importante.

Ayúdalos a expresar su responsabilidad moral en la vida y en la muerte

La investigación indica que existe un sentido de responsabilidad y juicio entre todos los tipos de personas curiosas. Ayudarlos a reconocer esta realidad colaborará para que comprendan su necesidad de la salvación que solo puede venir de Jesucristo.

Cuando hablo con un curioso escéptico, es interesante preguntarle sobre su comprensión del bien y del mal, y averiguar qué significa para él «hacer el bien» y «hacer el mal». Después de ver su lista de afirmaciones morales, le pregunto cuáles serían las consecuencias de incumplir cualquiera de esos compromisos.

No creo que haya habido ninguna persona en los últimos años que no haya expresado alguna norma de responsabilidad que deba cumplirse. Incluso se podría decir que el fenómeno actual de la cultura de la cancelación (hacer que las figuras públicas rindan cuentas mediante la presión social) revela una especie de responsabilidad pagana. Sin embargo, en este mundo poscristiano se vuelve un poco confuso, y la mayoría de la gente reconoce las limitaciones de los montones de información de Internet como sustituto de la verdadera justicia.

Pregúntales si se sienten responsables de cómo viven según este código moral

Cuando hablo con curiosos escépticos, a menudo les narro la historia del joven rico. Es una buena forma de «profundizar» en la conversación y de llegar a un análisis sobre las obras versus la gracia. Nuestra investigación indica que menos del 15 % está de acuerdo en que sus buenas obras son suficientes (consulta el gráfico de la p. 129).

Hacer que alguien analice cómo se compara su vida con su código moral lleva la conversación de lo teórico a lo personal. ¿Tienen alguna responsabilidad moral por sus acciones y, en caso afirmativo, ante quién? ¿Supone esto alguna diferencia en las decisiones que toman y, en caso negativo, por qué?

Como señala Lewis, quienes tienen una cosmovisión «pagana» sienten cierta responsabilidad moral por sus actos; es muy probable que los curiosos escépticos nunca se lo hayan dicho a nadie, pero tal vez lo hayan pensado hasta cierto punto, y esto puede influir en sus creencias sobre lo que ocurre después de la muerte.

Presenté dos cosmovisiones emergentes en esta era de apertura espiritual: los curiosos espirituales y los curiosos escépticos. Dediquemos ahora un momento a analizar a los cristianos practicantes a la luz de nuestra exploración de los curiosos espirituales.

CAPÍTULO 4

Una cultura curiosa

Los cristianos practicantes, como ya comentamos, son personas que se autoidentifican como cristianos, han hecho un compromiso con Jesús que sigue siendo importante en su vida actual y asisten a la iglesia al menos una vez al mes. La hipótesis que condujo a esta investigación y, en última instancia, a este libro, fue la idea de que los cristianos practicantes difieren de los curiosos espirituales en aspectos lo bastante sustanciales como para que, sin saberlo, estemos impidiendo que el evangelio llegue a los curiosos. Es decir, los cristianos practicantes podrían estar tratando de alcanzar a los curiosos espirituales de maneras que los curiosos espirituales no consideran convincentes ni interesantes. Los cristianos practicantes intentan conectarse de un modo que a ellos mismos les parecen interesantes, pero los curiosos espirituales buscan otro tipo de compromiso.

Saber más sobre lo que esto significa y por qué está sucediendo es importante para nosotros como cristianos practicantes. Tanto si eres pastor, líder de tu iglesia o solo alguien que se preocupa por el futuro del cristianismo en tu comunidad, te debes a ti mismo entender este reto y cómo puedes afrontarlo.

Es importante señalar que los cristianos practicantes son muy diferentes de sus homólogos curiosos espirituales en algunos aspectos importantes. Observa el gráfico de la página 77 para comparar las respuestas de los dos grupos a los elementos que componen nuestra escala de curiosidad. Aunque los cristianos practicantes no rehúyen por completo la información nueva o las oportunidades de crecer, son menos propensos que los curiosos espirituales a estar de acuerdo en que aceptan con agrado los retos o aceptan lo desconocido o lo incierto. Se puede ver que, mientras tanto, los curiosos espirituales tienen un entusiasmo casi total por lo nuevo, complejo o imprevisible, rara vez están en desacuerdo con alguna de las afirmaciones proporcionadas y ven muchos escenarios como una oportunidad para aprender y crecer.

Toma un momento e imagínate que diseñas y comercializas un producto para cristianos practicantes y otro para curiosos espirituales. ¿En qué se diferenciarían? ¿En qué diferirían las preferencias de cada grupo?

En el ámbito de la antropología, la *cultura* es un término que implica un profundo significado. Es un concepto que trasciende los fenómenos superficiales que solemos asociar con ella, como la música, el arte, la cocina y la vestimenta. Es un concepto que trasciende los fenómenos superficiales que solemos asociar con ella, como la música, el arte, la cocina y la vestimenta. La cultura es algo más profundo y difícil de expresar que los programas de televisión populares y las modas pasajeras. Entonces, ¿qué es la cultura con exactitud?

Los cristianos practicantes tienen dificultades para aceptar la novedad o la incertidumbre

Lee cada una de las siguientes afirmaciones y decide en qué medida estás de acuerdo con cada una según tus creencias y experiencias.

% de acuerdo (por completo, con moderación, un poco).

● Cristianos practicantes ● Curiosos espirituales

Afirmación	Cristianos practicantes	Curiosos espirituales
Me gusta hacer cosas que me den un poco de miedo	46%	86%
Soy el tipo de persona que disfruta mucho de la incertidumbre de la vida cotidiana	50%	87%
Prefiero trabajos que sean emocionantes e imprevisibles	56%	92%
Soy el tipo de persona que acepta personas, eventos y lugares desconocidos	67%	98%
Siempre busco experiencias que desafíen mi forma de pensar sobre mí mismo y el mundo	75%	98%
Estoy en mi mejor momento cuando hago algo que es complejo o desafiante	77%	96%
Adondequiera que voy, busco cosas o experiencias nuevas	78%	99%
Con frecuencia busco oportunidades para desafiarme a mí mismo y crecer como persona	81%	97%
Considero las situaciones difíciles como una oportunidad para crecer y aprender	88%	97%
Busco de manera activa toda la información que puedo en situaciones nuevas	91%	99%

n=1 501 adultos de EE. UU., 19-23 de febrero de 2023.
Fuente: Barna Group

La cultura es el hilo invisible que une a un grupo de personas. Se trata de los patrones comunes de comportamientos, historias, valores, recursos y comprensión que se aprenden a través de un proceso de socialización. Estos patrones, que pueden ser simbólicos, lingüísticos, materiales y conductuales, ayudan a los individuos a navegar por su mundo y a darles sentido a sus experiencias.

Para simplificarlo, imagina que te dejan en una ciudad desconocida sin un mapa. Te sentirías perdido, ¿verdad? Lo que necesitas es un mapa que te ayude a comprender dónde te encuentras en esta ciudad extraña y a saber adónde ir desde allí. La cultura es una especie de mapa social. Les da forma a nuestros valores, creencias y normas, e influye en cómo pensamos, nos comportamos, reaccionamos y nos comunicamos. Si no entiendes la cultura de una comunidad en particular, estás tan perdido como lo estarías en una ciudad extraña sin mapa.

Además, la cultura no es estática; evoluciona con el tiempo, respondiendo a los cambios del entorno, los avances tecnológicos, y la interacción con otras culturas y grupos de personas. Es el tapiz dinámico de la vida humana, tejido con innumerables hilos de experiencias, tradiciones y conocimientos comunes.

Por lo tanto, cuando hablamos de cultura, nos referimos al proyecto fundamental que guía a las personas, la programación colectiva de la mente que distingue a los miembros de un grupo cultural de otro. Es un concepto intangible, pero influye en casi todas las facetas de nuestra vida.

Durante unos diez años he ayudado a fusionar varias organizaciones diferentes. También he ayudado a crear nuevas organizaciones a partir de otras ya existentes. Aunque todas tenían objetivos ministeriales y realidades empresariales similares, eso no significaba que la forma en que hacían las cosas fuera similar. Cada organización tenía una cultura y un conjunto de sistemas únicos, y eso significaba que cada una requería procesos y adaptaciones únicos para garantizar la aceptación y el éxito de la fusión o el lanzamiento.

En mi curso universitario de estudios interculturales aprendí a combatir mis arraigadas suposiciones y formas de pensar, hablar y comportarme para interactuar bien con personas de lugares muy diferentes; la incorporación a una nueva organización puede requerir esas mismas habilidades. Esto se debe a que las culturas institucionales pueden estar profundamente arraigadas sin que siquiera seamos conscientes de cómo se desarrollaron, cuán chocante es nuestra forma de hacer las cosas para alguien de afuera, y de lo mucho que nuestra identidad está ahora involucrada en cosas ajenas.

Profundicemos en este tema recurriendo a un antiguo debate tecnológico. Consideremos por un momento lo que las preferencias informáticas de una organización nos dicen sobre su cultura. Una organización puede utilizar ordenadores Windows. Otra utiliza Mac. Ambas máquinas realizan las mismas funciones básicas, pero se consideran radicalmente diferentes (hasta el punto de que muchos tienen una lealtad muy fuerte a una frente a la otra y sienten un profundo apego al ecosistema de la marca elegida). A menudo, el sistema operativo elegido por una organización revela algo sobre sus valores culturales y su identidad, aunque sus miembros no puedan decir por qué eligieron originalmente uno en lugar del otro. Siguiendo los estereotipos, un ministerio valora más la estética mientras que otro se preocupa más por ahorrar dinero. Ambos pueden ser responsables en el manejo de las finanzas, pero es probable que sus oficinas (¡y lo que visten para trabajar!) sean bastante diferentes. Ninguna de las dos opciones es adecuada o inadecuada. Sin embargo, esas elecciones nos dicen mucho sobre el tipo de cultura con la que trabajamos, y esto puede entusiasmar a algunos empleados potenciales mientras que repele a otros.

La Biblia registra algunos choques culturales importantes. En el libro de Daniel, vemos cómo se unen dos culturas: Babilonia e Israel. Aprendemos cómo Daniel y algunos de los otros jóvenes llevados a servir en el palacio de Nabucodonosor sortearon estos conflictos, equilibrando lo que era importante para sus identidades con el aprendizaje de vivir y trabajar en la cultura de Babilonia.

A través de estos ejemplos, quiero comenzar señalando que nosotros, los cristianos practicantes, tal vez desarrolláramos una «cultura cognitiva» que solo no atrae, o no tiene sentido, para una persona curiosa en lo espiritual. Si queremos alcanzar a los curiosos espirituales, tendremos que desarrollar nuestras propias culturas cognitivas en la iglesia, a fin de que sea un lugar donde puedan sentarse a la mesa.

Los datos, el análisis y la introspección pueden resultar valiosos a la hora de pensar en cómo creamos el ministerio. O somos intencionales en la cultura que creamos, o solo sucede por sí misma: pero *sucederá*. Los datos pueden ayudarnos a ver nuestra cosmovisión en comparación con otros, y ayudarnos a tomar decisiones que tengan en cuenta las distintas perspectivas y contextos.

Más adelante, en este capítulo, exploraremos esto más a fondo. Sin embargo, quizá sea instructivo que antes nos preguntemos por qué los cristianos practicantes tenemos una visión marcadamente diferente de la curiosidad que tienen los curiosos espirituales. Si la cultura se aprende y se comparte, ¿de dónde puede proceder nuestra cultura poco curiosa?

Dónde encontrar lo que necesitas saber

Cuando mi bisabuela falleció, le dejó a mi familia un poco de dinero. Una noche, mis padres nos revelaron lo que íbamos a comprar. Mis hermanos y yo imaginábamos un televisor nuevo con uno de esos nuevos VCR o quizá unas vacaciones a Disneylandia. Redoble de tambores, por favor. ¡Mis padres nos reunieron alrededor de la mesa y anunciaron que compraríamos un juego de enciclopedias!

Aunque tenemos muchos libros en casa, mis hijos se reirían si pensara que era una inversión que valía la pena en la era actual de la información. En esa época, en cambio, ese juego de enciclopedias mejoró mi reputación de forma considerable. Los amigos me llamaban la noche antes de un proyecto para ver si podían pasar a utilizarlas, pues la biblioteca estaba cerrada. Era divertido sacarlas de la estantería cuando surgía un tema concreto e incluso hojearlas de vez en cuando en busca de información interesante. Era como una versión pequeña y tangible de Google.

Aprendí mucho de esas enciclopedias, pero la lección más importante llegó el día en el que las desempaquetamos. Mi padre sacó un volumen y dijo: «Mark, puedes pasarte la vida estudiando, pero nunca lo aprenderás todo. Lo más importante que puedes aprender es dónde encontrar lo que necesitas saber».

La sabiduría de mi padre se me quedó grabada, sobre todo en la era de la internet. A medida que me hacía mayor, y sobre todo con la explosión de la conectividad digital, siempre he dado por sentado que, si se me ocurría algo, es posible que ya se le habría ocurrido a otra persona, y que tal vez fuera más inteligente que yo. Así que debería ir a buscarlos. Lo más probable es que sean un buen recurso para encontrar lo que uno necesita saber.

Cuando me pregunté por primera vez sobre la curiosidad, me topé con un libro titulado *Una mente curiosa*, del productor de cine Brian Grazer. En él se describe su búsqueda de la curiosidad a lo largo de toda su vida y su práctica de conseguir entrevistas con grandes mentes de todos los ámbitos. Una de las historias favoritas de su vida fue cuando consiguió una entrevista con el gran autor de ciencia ficción Isaac Asimov. A los diez minutos de la entrevista, la esposa de Asimov la canceló porque le quedó claro que Grazer no sabía lo suficiente sobre Asimov como para justificar que continuara con la entrevista[1]. Si su esposo iba a dedicar su tiempo, el entrevistador debía valorarlo lo suficiente como para estar preparado. Sin duda, una lección importante.

Cuando me propuse comprender a los curiosos espirituales, me pregunté cuál había sido la actitud hacia la curiosidad en la iglesia a lo largo del tiempo. ¿Cómo habían tratado los líderes cristianos del primer siglo a los curiosos espirituales, y durante la Edad Media? ¿Se recibieron bien a los curiosos o los trataron con recelo?

Es una pregunta importante. Al fin y al cabo, los cuentos que nos advierten sobre la curiosidad excesiva permean la cultura occidental. Además del proverbio clásico «La curiosidad mató al gato», tenemos cuentos como La caja de Pandora, Ricitos de oro, Juan y las habichuelas mágicas e Ícaro, todos los cuales nos advierten sobre la curiosidad excesiva. En el texto bíblico, la curiosidad de Eva desencadena el conocimiento del bien y del mal que conduce a la muerte, y la mujer de Lot se da la vuelta para mirar a Sodoma y Gomorra y se convierte en una estatua de sal. No es difícil ver cómo algunos cristianos podrían interpretar esas historias como una advertencia contra la curiosidad.

Estas historias parecen sugerir que la curiosidad es menos virtud y más vicio. Entonces, ¿cómo pensaban los primeros cristianos sobre la curiosidad?

Puse a prueba la lección que aprendí mientras desempaquetaba esas enciclopedias con mi padre, y descubrí que hay personas más inteligentes que yo que han hecho un trabajo más profundo del que tal vez pueda hacer yo jamás. No solo han respondido las preguntas que buscaba, sino que lo han hecho con excelencia. Neil Kenny escribió *The Uses of Curiosity in Early Modern France and Germany* [Los usos de la curiosidad en los comienzos de la era moderna de Francia y Alemania], que me llevó al libro de Joseph Torchia, *Restless Minds Curiositas & the Scope of Inquiry in St. Augustine's Psychology* [Mentes inquietas: Curiosidades y la envergadura de las preguntas en la psicología de San Agustín]. Ambos libros son fascinantes de leer si se dispone de tiempo.

En nuestro mundo moderno, la curiosidad a menudo se celebra como una virtud. Se considera el motor de la innovación, el descubrimiento y el aprendizaje. Elogiamos la curiosidad en los niños y, en general, la fomentamos en nuestras escuelas. Sin embargo, en la Europa primitiva, la curiosidad era una fuente importante de debates polémicos en universidades, iglesias, periódicos y otros proveedores del pensamiento contemporáneo. El libro de Kenny explora hasta qué punto se extendió el debate, desde cómo definir la curiosidad hasta cómo debía regularse entre la población.

Puede que tú y yo no conozcamos todos los detalles de estos debates, pero hoy en día estamos marcados por ellos. Estas conversaciones son parte de nuestro legado y ayudaron a formar nuestras actitudes actuales sobre la curiosidad. Teniendo esto en cuenta, quizá deberíamos tomarnos un momento para reflexionar sobre cómo nuestras actitudes pueden ser producto de las generaciones de moldeadores de cultura que nos precedieron. Y cuando se trata de personas que moldearon la cultura del cristianismo, pocos nombres sobresalen más que Agustín de Hipona.

San Agustín tenía una perspectiva matizada de la curiosidad. Reconocía sus beneficios potenciales, pero también advertía de sus peligros. Su tríada moral consistía en tres vicios: el orgullo, la curiosidad y la concupiscencia carnal. En su marco, el orgullo era un deseo de dominación, mientras que la concupiscencia era un deseo de la carne, y los cristianos debían evitar ambos. Del mismo modo, Agustín veía la curiosidad como un deseo ilimitado de conocimiento, una pasión por saber cosas por el simple hecho de saberlas. Agustín enseñaba que cada uno de estos vicios impulsaba el movimiento del alma hacia algún aspecto de la experiencia mundana malsana.

Mi lectura de estos dos volúmenes académicos me llevó a imaginarme a Agustín escribiendo una entrada en un blog de internet titulada «Tres advertencias sobre la curiosidad». Como no está aquí para escribirlo, resumiré lo que creo que habría sido su enfoque.

La curiosidad como una transgresión

Agustín veía la curiosidad como un componente de su tríada moral, y la asociaba con la audacia de desobedecer el mandato divino, el conjunto de imperativos morales y las enseñanzas que proceden de Dios, cuyo fin es guiar la conducta humana hacia el bien y alejarla del pecado. Consideraba que la curiosidad era una especie de lujuria de la mente, una voraz necesidad de saber que nunca podría saciarse. Esta curiosidad, según Agustín, venía acompañada de un afán por experimentar lo desconocido. Creía que la curiosidad podía llevar a transgresiones y a un deseo de experimentar cualquier cosa, incluso las cosas pecaminosas prohibidas por Dios.

Cuando Eva pecó contra Dios al comer el fruto prohibido, no tenía ni idea ni imaginación de lo que era el mal. Puede que se le advirtiera de que comer el fruto la llevaría a la muerte, pero las Escrituras no nos dan ninguna indicación de que entendiera lo que era la muerte. La curiosidad, como suele decirse, pudo más que ella.

Aunque nosotros tenemos una experiencia con el pecado mucho más curtida que la de Eva, también podemos encontrarnos en una situación en la que no comprendamos del todo las leyes de Dios. Podemos entender que estamos yendo en contra del mandato de Dios, pero no comprendemos por completo lo que está en juego. Nuestra mente no puede imaginar cómo podemos resultar heridos ni por qué nuestra relación con Dios puede verse afectada por nuestra transgresión. Y la curiosidad por saber lo que nos estamos perdiendo nos puede llevar a cruzar los límites.

La curiosidad como impedimento para la verdad

Agustín también vio la curiosidad como un impedimento potencial para nuestra capacidad de discernir la verdad. Asociaba la curiosidad con la «concupiscencia de los ojos», vinculando el ansia humana de conocimiento con el amor a la experiencia mundana. No creía que fuera saludable que la gente quisiera saber demasiado sobre el mundo, ya que podría llevarnos a confiar en nuestro propio entendimiento en lugar de hacerlo en la revelación divina. Esta advertencia es particularmente relevante en nuestra era actual de sobrecarga informática, donde la búsqueda del conocimiento a menudo nos puede alejar de la verdad y llevarnos al terreno de la desinformación y la comprensión superficial.

Este peligro puede ser muy sutil. A veces, incluso, puede parecer discipulado. Exploramos las verdades de la Palabra de Dios de manera tan profunda que perdemos de vista lo principal, quedando tan atrapados en los pequeños detalles de la fe que la obra de seguir de veras a Jesús se queda en el camino. Esto ha sido cierto para el pueblo de Dios a lo largo de las Escrituras y la historia. En nuestro deseo de saber todo lo que podamos, pecamos. Algunos líderes religiosos de la época de Jesús escribieron páginas y páginas sobre cómo aplicar la pureza a la vida santa en sus propias condiciones contemporáneas, pero no lograron comunicarse con Dios y con los demás en un sacrificio amoroso. Pablo le advierte a la iglesia de Corinto que, incluso si entendemos todo el conocimiento y los misterios, podemos pasar por alto lo que es importante. Es más, el conocimiento puede «envanecernos», incluso si ese conocimiento es verdadero.

La curiosidad como peligro moral

En su obra pastoral, Agustín desaconsejaba la curiosidad ilimitada. La consideraba un ámbito moralmente peligroso. Veía las curiosidades de los paganos como las de cada persona que habita la ciudad terrenal, ejerciendo una poderosa influencia. Esta advertencia nos recuerda que la curiosidad, cuando no está atemperada por la sabiduría y el discernimiento, puede llevarnos por caminos dañinos y destructivos.

Agustín no andaba desencaminado en este punto. Es cierto que la curiosidad puede llevarnos al fracaso moral. Recuerdo cuando mi hija y yo salimos a cenar una noche cuando ella estaba en sexto grado (la mayoría de la gente llamaría a estas citas padre-hija, pero ella pensaba que eso parecía espeluznante, así que solo cenamos).

Ella quería probar las ancas de rana, así que fuimos a un restaurante cercano que las tenía en el menú. Mientras esperábamos la comida, mi hija me preguntó si alguna vez había probado las drogas.

Para que quede claro, no me las estaba ofreciendo. Solo quería saber si alguna vez las había consumido. Le dije que no.

Entonces me hizo otra pregunta: «¿Las probarías si fuera legal?».

Por ese entonces, la marihuana se había legalizado en Colorado y Washington, por lo que el tema surgía con bastante frecuencia en las conversaciones cotidianas.

Bueno, ahora me tenía en una posición teórica interesante. En realidad, nunca había pensado en el consumo de drogas, pues siempre había sido ilegal. Además, crecí en medio de la cruzada de «Solo di que no», de Nancy Reagan. Los anuncios de servicio público «Este es tu cerebro drogado» de la década de 1980 mostraban los efectos nocivos del consumo de drogas presentando un huevo frito chisporroteando en una sartén. En lo que respecta a mi experiencia personal, la campaña fue un gran éxito. Esas imágenes quedaron grabadas en mi mente. No obstante, me di cuenta de que mi hija crecía en un mundo muy distinto al mío, con menos estigmas y leyes en torno a fumar hierba.

Miré a mi hija a los ojos y le dije: «¿Sabes?, tú y yo nos parecemos mucho. Somos personas curiosas. Queremos experimentar todo en la vida, sea bueno o malo, solo por la experiencia. No he consumido drogas, sobre todo porque son ilegales. Sin embargo, sé que, si fueran legales, mi curiosidad me tentaría a querer probarlas al menos una vez. Y por eso la gente como tú y yo debemos tener cuidado, Skye. No podemos dejar que nuestra curiosidad nos lleve por un camino potencialmente peligroso».

Tal vez Agustín tuviera razón con sus advertencias sobre las curiosidades.

Por otra parte, la curiosidad de Agustín sobre el mundo espiritual fue lo que daría forma a cómo muchos de nosotros entendemos, pensamos y practicamos nuestra fe cristiana. Libros como *Confesiones* y *La ciudad de Dios* figuran entre los más influyentes sobre la fe cristiana de todos los tiempos. Esos libros no serían muy interesantes si Agustín no sintiera al menos un poco de curiosidad por la fe cristiana.

Aunque la curiosidad puede ser una señal de un intelecto vigoroso y un motor del esfuerzo intelectual, las advertencias de Agustín nos recuerdan la necesidad de discernimiento, sabiduría y compromiso con la verdad en nuestra búsqueda del conocimiento. Mientras navegamos por nuestro mundo moderno, lleno de infinitas oportunidades de aprendizaje y descubrimiento, prestemos atención a las advertencias de Agustín y esforcémonos por cultivar una curiosidad que nos acerque a la verdad, a la sabiduría y, en última instancia, a Dios.

El planteamiento de Agustín nos ayuda a entender por qué, con el tiempo, hemos desarrollado una cultura poco curiosa en la práctica en nuestras iglesias y por qué la antigua sospecha de la Iglesia sobre la curiosidad puede tener algún fundamento en una preocupación real. No obstante, si queremos alcanzar a los curiosos, es posible que tengamos que darnos cuenta de lo lejos que está la iglesia de lo que pueden estar buscando experimentar. Incluso, es posible que tengamos algunos curiosos espirituales entre nosotros que luchan en nuestra cultura de alta certeza. Pocas veces ha habido un mejor momento para abordar estos desafíos.

Una cultura de la certeza

En la escuela secundaria, convencí a mi madre para que me comprara un pequeño póster que encontré mientras visitaba una librería cristiana. Era sencillo, un texto negro grueso superpuesto sobre un nauseabundo fondo rosa Pepto Bismol. El póster todavía está en mi dormitorio en la casa de mis padres, y todavía puedo sentir el sabor del rosado Pepto Bismol cuando lo veo. Pasé por alto el hecho de que no se ajustaba a mi estilo, pues las palabras que contenía me parecían muy convincentes: «¡Dios lo dijo! ¡Yo lo creo! ¡Con eso está todo dicho!».

Cuando era adolescente, me encantaba hablar en público (fui presidente de la clase desde la escuela secundaria hasta el último curso de bachillerato y representante de los estudiantes en el consejo escolar de nuestro distrito). Me gustaba comunicar mis opiniones y creencias, y confiaba en mis convicciones. Decir que hablaba rápido y pensaba lento sería un eufemismo. La verdad es que todavía me persiguen algunas de las cosas que dije en esos días, las veces que mi confianza se convirtió en arrogancia.

También fui valiente en lo que respecta a mi fe. Mi identidad se formó durante el mandato del presidente Reagan, que estuvo acompañado por el auge de la Mayoría Moral. Aunque esta época cultivó el amor por el compromiso civil entre muchos creyentes firmes y apasionados, a menudo estuvo acompañado de una inquietante combinación de fe y patriotismo. De joven, no siempre fui capaz de distinguir entre mi identidad como cristiano y mi identidad como estadounidense. Hoy lo llamaríamos nacionalismo cristiano y, aunque ahora me arrepiento de haberme creído eso, en esa época los cristianos mayores estaban muy orgullosos de mí. Es más, la atención de los adultos de mi iglesia y de mi comunidad fue lo que me formó; les encantaba ver a una persona joven actuar con tanta audacia. Debo confesar que esta confianza inquebrantable en mi interpretación de las Escrituras alimentó mi intrepidez a la hora de participar en debates y desafiar a quienes tenían puntos de vista diferentes, a menudo sin tener muy en cuenta la impresión que yo causaba. En mi opinión, era mi deber evangélico confrontar a quienes tenían perspectivas alternativas, porque estaba convencido de que mi ferviente oposición serviría como un camino innegable hacia su salvación. Pablo les dijo a los efesios que hablaran la verdad con amor. Yo estaba haciendo un buen trabajo diciendo la verdad, tal y como la entendía en ese momento. En cambio, la parte de «en amor» era una lucha.

Ahora me avergüenzo de la falta de humildad intelectual que tenía cuando era un joven cristiano, y de mi obsesión por tener razón en lugar de tener una buena relación con Jesús. Me interesaba más decirles a mis amigos que estaban equivocados que averiguar si seguían de veras a Jesús.

Era un fariseo adolescente.

Había crecido en la iglesia a la que asistía. Es más, mis padres también. Sus padres, mis abuelos, ayudaron a fundar la iglesia como laicos. Cuando digo que construyeron la iglesia, no hablo en sentido figurado. Tengo fotos de mi abuelo subido a lo alto de las vigas del santuario cuando el edificio estaba en construcción. Todos con los que crecí formaban parte de una familia de varias generaciones que asistía a la iglesia.

Entonces, conocí a Jay. Nuestros pastores de jóvenes eran muy buenos, casi demasiado buenos, para alcanzar a los chicos que no asistían a la iglesia en nuestro vecindario. Jay venía de un complejo de apartamentos cercano, y cuando visitó la iglesia y comenzó a seguir a Jesús, su fe despegó. Su apetito espiritual estaba por las nubes. Iba en ascenso. Mientras tanto, yo iba en modo de desaceleración, creyendo que prácticamente había dominado esto de la vida cristiana.

Y, sin embargo, me maravillaba el hambre de Jay por el Señor y la forma radical en que se propuso seguir a Jesús todos los días de su vida. En realidad, me daba mucha envidia, como el hermano que se quedó en casa en la parábola del hijo pródigo. Ver la intensa curiosidad de Jay por aprender más sobre Dios despertó algo en mí. Hizo que me replanteara hasta qué punto conocía de veras el cristianismo.

No fue hasta el final de mi último año que llegué a conocer y comprender, en realidad, la persona de Jesús y lo que significaba seguirlo. Había mucho más que solo tener razón, dejar que todos los demás supieran que yo tenía razón y nunca considerar la posibilidad de que todavía tuviera más que aprender y, ¿quién sabe?, tal vez incluso algunas cosas que desaprender. Lo cierto es que mi gran necesidad de cierre había sido un obstáculo para mi capacidad de seguir bien a Jesús. Lo que es peor, había sido una barrera para mi capacidad de testificarles de las buenas nuevas a otros. Nadie quiere escuchar a alguien que siempre está hablando y nunca escuchando, siempre enseñando y nunca aprendiendo.

Resulta que no soy el único que se esfuerza por cerrar interacciones y conversaciones espirituales.

La necesidad de cierre

En 1994, D. M. Webster y A. W. Kruglanski desarrollaron y publicaron la Escala de Necesidad de Cierre (NFCS [por sus siglas en inglés]), a fin de medir la inclinación de una persona en buscar respuestas definitivas y su incomodidad con la ambigüedad[2]. En esencia, mediante una lista de 15 elementos, mide hasta qué punto nos sentimos cómodos con la incertidumbre.

El estudio que Barna realizó para este proyecto no solo se centraba en la curiosidad, sino también en nuestra necesidad de cierre, de certeza. Recuerda, la necesidad de cierre se refiere a la preferencia de una persona por la estructura, la previsibilidad y la certeza frente a su interés por la tensión, las preguntas y la exploración. Las personas con una gran necesidad de cierre son más propensas a tomar una decisión con poca información, mientras que las que tienen una menor necesidad de cierre se sienten más cómodas tomándose su tiempo para recopilar más datos antes de tomar una decisión.

Escala de necesidad de cierre

Sobre la base de una métrica de 15 elementos, los cristianos practicantes son más propensos que otros grupos religiosos a tener una gran necesidad de cierre o certeza.

- Gran necesidad de cierre
- Moderada necesidad de cierre
- Baja necesidad de cierre

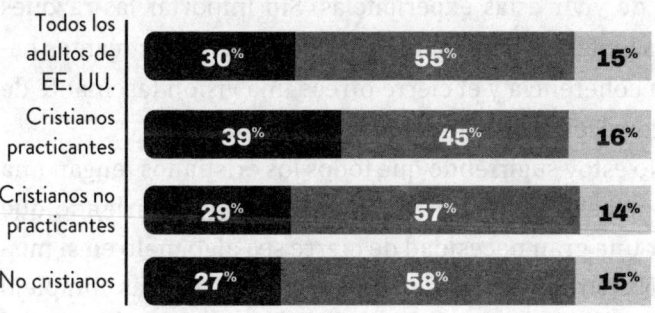

	Gran	Moderada	Baja
Todos los adultos de EE. UU.	30%	55%	15%
Cristianos practicantes	39%	45%	16%
Cristianos no practicantes	29%	57%	14%
No cristianos	27%	58%	15%

n=1 501 adultos de EE. UU., 19-23 de febrero de 2023. Fuente: Barna Group

Descubrimos que los cristianos practicantes tienen más probabilidades que los que están fuera de la iglesia de tener una gran necesidad de cierre. El 39 % de los cristianos practicantes (dos de cada cinco) tienen una gran necesidad de cierre, frente al 29 % de cristianos no practicantes y el 27 % de los no cristianos.

Para tener una idea más clara de lo que puede ser una «gran necesidad de cierre», dales un vistazo a algunos de los resultados de Barna en el fascinante gráfico de la página 94. En todos los casos, verás que los cristianos practicantes tienen más probabilidades que los cristianos no practicantes y los no cristianos de expresar incomodidad con la tensión, la incertidumbre y el misterio.

Fue interesante descubrir que los cristianos practicantes, en general, muestran una mayor necesidad de cierre en comparación con los no cristianos. Esta disparidad puede deberse al énfasis de la fe cristiana en creencias claras. La propensión de los cristianos practicantes al cierre también parece provenir de un deseo de comodidad. Algunos de los elementos de la encuesta que más inspiran su acuerdo son: «Me gusta tener un modo de vida claro y estructurado» y «Cuando tomo una decisión, me siento aliviado». Otros grupos religiosos se muestran mucho menos entusiastas a la hora de vivir estas experiencias. Sin importar las razones subyacentes, la tendencia de los cristianos practicantes hacia la coherencia y el cierre ofrece una visión fascinante de la intersección de la religión y la personalidad.

No estoy sugiriendo que todos los cristianos tengan una gran necesidad de cierre. Tampoco estoy sugiriendo que tener una gran necesidad de cierre sea algo malo en sí mismo. Nuestra investigación demuestra que es más complejo que eso. No obstante, plantea una pregunta importante: Si nosotros, como creyentes, tenemos en sí una mayor necesidad de cierre o servimos a feligreses que la tienen, ¿cómo podría esto estar afectando la cultura que fomentamos en nuestras iglesias?

Al menos podemos asumir que quienes están *fuera* de nuestras iglesias tendrán dificultades para relacionarse y conectarse con nosotros. Muchos cristianos no practicantes y no cristianos no solo tienen una baja necesidad de cierre, sino que respetan la transparencia. ¡Incluso parecen disfrutarla! Considera que, cuando se les pide que describan sus creencias espirituales hoy en día, las personas sin fe tienden a decir: «Me siento satisfecho de no tener todas las respuestas». Mientras que los cristianos practicantes están divididos sobre si les importa más «estar seguros de sus creencias religiosas» o «estar abiertos a donde les lleve su fe», las personas sin fe se decantan abrumadoramente por lo segundo. Esto lo vemos también en su relación con la duda. La acogen con satisfacción, llegando a decir que «es bueno ser escéptico o dudar». En comparación, los cristianos ven la duda como un reto que hay que superar. A lo sumo, admiten que es «parte del camino de la vida», pero no el objetivo final[3].

Se puede ver cómo estas diferencias pueden dificultar que personas de distintas creencias se acompañen entre sí en dicho viaje. Una de las partes puede seguir el camino (y todos sus desvíos), mientras que la otra se compromete a seguir un mapa con diligencia (y trae sus propios refrigerios).

Aunque la certeza puede proporcionar comodidad y una sensación de seguridad, también puede limitar nuestro crecimiento e impedirnos hacer buenas preguntas o aprender cosas nuevas. Es importante equilibrar la confianza con la humildad, y permanecer abiertos a las nuevas ideas y perspectivas que Dios quiere enseñarnos.

Los cristianos practicantes prefieren la comodidad, el cierre y la claridad

Lee cada una de las siguientes afirmaciones y decide en qué medida estás de acuerdo con cada una según tus creencias y experiencias.

% de acuerdo por completo

	Todos los adultos de EE. UU.	Cristianos practicantes	Cristianos no practicantes	No cristianos
Cuando tomo una decisión, me siento aliviado	30%	41%	28%	28%
Me gusta tener un modo de vida claro y estructurado	28%	43%	26%	25%
Me parece que establecer una rutina constante me permite disfrutar más de la vida	26%	33%	27%	22%
No me gusta afrontar una situación sin saber qué puedo esperar de ella	24%	30%	22%	23%
Creo que una vida ordenada con horarios regulares se adapta a mi temperamento	22%	29%	21%	19%
No me gustan las situaciones imprevisibles	21%	23%	18%	22%
No me gustan las situaciones que son inciertas	20%	25%	18%	19%
Estoy ansioso por llegar a una solución con mucha rapidez	20%	22%	19%	21%
No me gusta estar con personas capaces de acciones inesperadas	18%	25%	16%	16%
Me siento incómodo cuando no entiendo la razón por la que ocurrió un evento en mi vida	16%	20%	13%	17%
Me desagrada cuando la declaración de una persona puede significar muchas cosas distintas	15%	18%	13%	15%
Me desagradan las preguntas que pueden responderse de muchas maneras diferentes	11%	17%	12%	8%
No suelo consultar muchas opiniones distintas antes de formar mi propia opinión	11%	14%	11%	11%
Me impaciento e irrito con rapidez si no encuentro de inmediato una solución a un problema	10%	13%	9%	9%
Me irrito cuando una persona no está de acuerdo con lo que piensan los demás en un grupo	7%	13%	5%	6%

n=1 501 adultos de EE. UU., 19-23 de febrero de 2023. Fuente: Barna Group

Curiosidad versus Certeza: ¿Cuál es tu nivel de comodidad?

Si te inclinas por una necesidad de cierre, dedica un momento para considerar cómo los programas de predicación, enseñanza y ministerio de tu iglesia podrían llegar a una persona que tiene una menor necesidad de certeza y una propensión a la curiosidad. Ponte en el lugar de una persona que está interesada en explorar nuevas ideas. Recuerda, los curiosos espirituales quieren más un guía turístico de museo que una clave de respuestas para un examen sorpresa.

1. ¿Proporcionan tus sermones respuestas claras que eliminan cualquier oportunidad de participación, o ayudan a guiar a los fieles para que hagan sus propios descubrimientos?

    El propósito del contenido en el mundo actual debería ser abrirles las puertas a la curiosidad y a la investigación. Debemos crear contenidos que estimulen la mente y abran nuevas vías de exploración. Un buen maestro no solo hace que la clase memorice las respuestas correctas para el examen; les da a sus estudiantes mejores recursos para procesar el mundo que los rodea.

2. ¿Buscas la solución en lugar de aumentar el asombro?

    Nuestro instinto casi siempre es buscar la solución y seguir adelante, pero ese no es el único camino hacia el aprendizaje. ¿Recuerdas en el libro de Job cuando este le preguntó a Dios por qué tanta gente buena sufre tantas cosas malas? La respuesta de Dios no fue para darle a Job respuestas sencillas a sus preguntas. Fue para aumentar el sentido de asombro de Job, recordándole la inmensidad y el poder de Dios, y la limitada comprensión de la humanidad. Tenemos que ser capaces de asombrarnos ante la incertidumbre con una mente abierta y sin ideas preconcebidas.

De este modo, podemos crear una sensación de misterio que hará que la gente vuelva para recibir más.
3. ¿Defines límites en lugar de imaginar lo que hay más allá? Hay una diferencia entre enseñar la verdad y ceñirse a definir límites. La verdad nos hace libres. Enseñarle la verdad a la gente despierta la creatividad y la imaginación. Sin embargo, los límites actúan como barreras para la creatividad y la imaginación. Debemos liberarnos de estas barreras e intentar pensar más allá del ámbito de lo establecido y bien conocido. Al hacerlo, podemos ir más allá y, en última instancia, fomentar una cultura de imaginación e innovación que les hable al corazón de los curiosos.

Nuestra predilección por la certeza no solo afecta a la predicación y la enseñanza. Pensemos en las obras de arte que adornan muchas de nuestras iglesias. La mayoría son sencillas, directas y concretas; es obvio lo que se representa.

Sin embargo, ¿alguna vez has visto la serie *Estaciones de la Cruz* de Barnett Newman? Tuve la oportunidad de verla cuando estaba en exhibición en la Galería Nacional de Arte en Washington D. C. Después de pasar varias horas contemplando la exposición, volví a Washington para verla de nuevo.

La interpretación abstracta de Newman de las estaciones de la cruz consta de catorce lienzos enormes, cada uno pintado de un solo color bordeado por estrechas bandas, lo que Newman denominó «cremalleras», de otro color. La serie no sigue una narrativa lineal. En su lugar, Newman aborda cada estación como una entidad separada, tratando diversos aspectos de la pasión de Cristo. A fin de experimentar las estaciones, es necesario situarse frente a cada cuadro en una secuencia para comprender el impacto de la serie en su conjunto. Los colores son limitados y crean una presencia cautivadora. A pesar de la falta de representación figurativa, la interpretación de Newman trata de captar la esencia del momento emocional y espiritual de cada estación. El tamaño de los cuadros también ofrece una experiencia visual que obliga al espectador a contemplar elementos que van más allá de la representación figurativa de las estaciones de la cruz. Verlos fue una experiencia poderosa.

O pensemos en nuestra música. Como es obvio, la música cristiana tiene una rica historia, y aún hoy, muchos músicos cristianos crean hermosas canciones. Sin embargo, muchos de nosotros parecemos preferir canciones con una música sencilla que rara vez nos lleva a imaginarnos más allá de las cosas que ya conocemos.

En su álbum de 1999 *Variaciones de Mule*, Tom Waits tiene una canción llamada «Georgia Lee». Trata del asesinato sin resolver de Georgia Leah Moses, de doce años. «¿Por qué Dios no estaba mirando? ¿Por qué no estaba escuchando?», canta Waits en el inquietante coro. En lugar de intentar resolver estas preguntas con obviedades simplistas, Waits se sienta en la tragedia y el misterio, y nos invita a sentarnos con él. ¿Es incómodo? Mucho. ¿Es triste? Sin duda. En cambio, también es una experiencia muy humana.

¿Por qué no hay más arte de este tipo en las iglesias de hoy? Yo sugeriría que tal vez hemos creado una «cultura cognitiva» que favorece a quienes tienen una mayor necesidad de cierre. Por «cultura cognitiva» entiendo un conjunto compartido de valores, prácticas, ritmos y objetivos que nos ayudan a resolver la tensión que existe en un mundo cada vez más complejo. Si nuestra cultura cognitiva valora más la certeza y el cierre en lugar de la curiosidad y la transparencia, es probable que el entorno y la experiencia que producimos atraigan menos a quienes tienen preferencias distintas de las nuestras. Como es obvio, no hay nada de malo en atraer a las personas con una mayor necesidad de cierre. Solo sostengo que lo estamos haciendo demasiado bien, a menudo en detrimento de las personas con una menor necesidad de cierre y una mayor propensión a la curiosidad.

No obstante, apelar a los curiosos espirituales no es la única razón para pensar más allá de esta cultura cognitiva. Mi esperanza, a medida que profundizamos en lo que significa ser curioso espiritual, es que no solo aprendamos a guiar mejor a otros a una relación salvadora con Cristo, sino que también podamos descubrir algo más que nos hemos estado perdiendo en nuestras propias experiencias espirituales.

¿Qué pasa con los cristianos que tienen menos necesidad de cierre? Sí, también hay cristianos con una baja necesidad de cierre. Puede que los reconozcas como alborotadores en tu iglesia, los que tratan de sacudir el *statu quo*. Hacen preguntas incómodas. Pueden parecer demasiado críticos o escépticos. Aun así, a menudo, estas personas no tratan de agitar el barco ni de ser una espina molesta en el costado del liderazgo. Quizá usen palabras como «deconstruir», a fin de describir su camino de fe. Si has prestado atención, puede que ahora los entiendas (o te entiendas a ti mismo, si me refiero a ti) un poco mejor. Estos cristianos no están necesariamente tratando de causar problemas; puede que solo estén aburridos o intentando de darles cabida a expresiones que les resultan más auténticas.

La ambigüedad, el riesgo y la incertidumbre son estimulantes que les dan vida a las personas con escasa necesidad de cierre. Los cristianos que algunos podrían considerar alborotadores pueden estar en realidad tratando de satisfacer una necesidad fundamental de su personalidad. Dado que estos cristianos son una minoría estadística en sus iglesias, a menudo pueden sentirse solos o cohibidos por este impulso. Tal vez lo repriman, ocultando su verdadera naturaleza para no causar problemas. En algunos casos, pueden decidir que no pertenecen a la iglesia. Cuando estigmatizamos la curiosidad espiritual, perdemos oportunidades de conexión espiritual con una parte enorme y vital de nuestras comunidades locales.

CAPÍTULO 5

Una postura curiosa

En los últimos años, muchas iglesias no han recuperado la asistencia anterior a la pandemia. ¿Dónde están todos los que asistían y a qué dedican su tiempo? Creo que hay varias razones por las que la gente no vuelve, y nuestra «cultura cognitiva» podría ser parte de esto.

Siempre que se abren nuevos territorios o surgen nuevas ideas en la frontera de la sociedad, la gente se adapta para procesar el cambio. Diría que el curioso y el escéptico espirituales son dos mentalidades que han aumentado de manera dramática como resultado del impacto de la Babilonia digital en la sociedad. Vemos la propagación de estas mentalidades fuera de la iglesia; como es obvio, las personas en nuestros bancos también están reaccionando a este cambio tectónico. Al examinar los datos sobre los cristianos practicantes, podemos identificar dos marcos mentales que los cristianos adoptan para navegar por la Babilonia digital y la ambigüedad de la apertura espiritual. Son los arquetipos del pionero y del colono.

Los cristianos practicantes como pioneros o colonos: Cómo ven la incertidumbre

Lee cada una de las siguientes afirmaciones y decide en qué medida estás de acuerdo con cada una según tus creencias y experiencias.

% de acuerdo por completo

● Pionero ● Colono

Afirmación	Pionero	Colono
Me irrito cuando una persona no está de acuerdo con lo que cree el resto del grupo	2%	24%
Me disgustan las preguntas que se pueden responder de muchas maneras diferentes	2%	30%
Me siento incómodo cuando no entiendo la razón por la que ocurrió un evento en mi vida	4%	35%
Me desagradan las situaciones imprevisibles	4%	40%
Me impaciento e irrito enseguida si no encuentro una solución inmediata a un problema	5%	20%
No suelo consultar muchas opiniones diferentes antes de formarme mi propia opinión	5%	22%
Me disgusta que la declaración de una persona pueda significar muchas cosas diferentes	5%	30%
No me gusta estar con personas que son capaces de acciones inesperadas	7%	41%
No me gustan las situaciones que son inciertas	9%	40%
No me gusta enfrentarme a una situación sin saber lo que puedo esperar de ella	10%	49%
Cuando me enfrento a un problema, estoy ansioso por llegar muy rápido a una solución	11%	32%
Creo que una vida ordenada con horarios regulares se adapta a mi temperamento	16%	41%
Creo que establecer una rutina constante me permite disfrutar más de la vida	20%	46%
Cuando tomo una decisión, me siento aliviado	30%	50%
Me gusta tener un modo de vida claro y estructurado	32%	53%

n=287 adultos de EE. UU., 19-23 de febrero de 2023. Fuente: Barna Group

El pionero adopta los cambios y retos que trae consigo la Babilonia digital, considerándola una frontera salvaje e indómita que hay que explorar. Por otra parte, el colono opta por establecer una «granja» en la que sentirse seguro y a salvo.

Es importante recordar que se trata de dos mentalidades diferentes, y ninguna es mejor ni peor que la otra. Cada arquetipo tiene ciertos puntos fuertes y débiles, y puede utilizarse para bien o para mal. No obstante, si una iglesia tiene como objetivo conectarse con los curiosos, debe tener en cuenta las limitaciones que su cultura dominante pueda imponerles a los esfuerzos de alcance. Observa el gráfico anterior, que representa a los cristianos practicantes divididos por su apertura a la incertidumbre. Los colonos son las barras gris claro. Los pioneros son las barras gris oscuro.

Mi argumento es que la mentalidad de los colonos es la cultura dominante de nuestras iglesias. Si queremos crecer como cuerpo de creyentes, tenemos que encontrar la manera de ampliar nuestro alcance y darles cabida a los pioneros, esos que se sienten más cómodos con las preguntas, la ambigüedad y la tensión. Las personas con una mentalidad pionera tienen mucho que ofrecerles a nuestras iglesias, y cuando aprendamos a aceptarlas, no habrá forma de saber hasta dónde llegaremos todos juntos.

Curiosidad abierta

Hay dos tipos de curiosidad: la que busca un cierre y la que está abierta.

Las primeras teorías sobre la curiosidad se centraban en la incomodidad que experimentamos cuando no disponemos de información. La falta de información era la fuerza motivadora que producía una actividad curiosa. Las personas sentían curiosidad porque había algo que no sabían. Una vez que lo sabían, dejaban de sentir curiosidad. Esta es la curiosidad que busca un cierre.

Sin embargo, investigadores posteriores exploraron la curiosidad como algo proactivo, positivo, que busca experiencias e incluso emociones. La curiosidad de muchas personas no es una arruga que se deba alisar. Es una experiencia que disfrutan por sí misma. Solo les gusta vivir en un estado de curiosidad. Se trata de una curiosidad abierta.

Si encontrar información nueva o faltante es un catalizador principal de la curiosidad, lo mismo puede ser cierto para la motivación por la certeza. Nos impulsa a encontrar información que reduzca la ambigüedad.

La investigación parece indicar que nuestra búsqueda de certeza es también una búsqueda de cierre, y aunque los terapeutas nos dicen que no hay nada malo en querer esto, puede llevar a algunos resultados negativos. Me preocupa que, a medida que experimentamos la Babilonia digital, la práctica del cristianismo (y de otras religiones) pueda ser vista, por personas curiosas, como una solución demasiado simplista y solo buscada por quienes intentan aliviar la incomodidad de los tiempos cambiantes.

Un tema significativo de este libro es que la iglesia lucha por atraer a los curiosos. Sin embargo, muchos podrían decir que fue su curiosidad la que los llevó en un principio al cristianismo y a la iglesia. Debemos hacer una distinción entre la curiosidad que busca el cierre y la curiosidad que es abierta. Una curiosidad que busca el cierre es una búsqueda de certeza. Aunque no hay nada malo en buscar la certeza (¡de esto estoy seguro!), debemos tener cuidado de no permitir que el deseo de certeza se resuelva demasiado rápido.

El Dr. Todd Kashdan, que conocimos en el capítulo 2 como uno de los principales investigadores en el campo de la curiosidad, lo explica así: «En ausencia de curiosidad y apertura a las experiencias, las personas muestran una intolerancia a la incertidumbre y una fuerte necesidad de cierre en sus vidas. Aunque estas características pueden ayudar a proteger a una persona de la ansiedad y del estrés, sus influencias destructivas en las relaciones sociales son de largo alcance. Las personas menos curiosas se basan en estereotipos para describir a los demás y consideran amenazadora la información nueva que no concuerda con estas creencias»[1].

En las iglesias dominadas por personas con una gran necesidad de cerrar un tema y una alta prioridad de la certeza, esto puede ser un desastre. Si alguien tiene nuestros mismos puntos de vista, lo alabamos. Si alguien cuestiona o desafía nuestros puntos de vista, lo criticamos, atacamos y descartamos. Los curiosos espirituales, complaciendo su impulso natural de hacer preguntas y explorar posibilidades, de repente se encuentran a la defensiva. Se los caracteriza como una amenaza, una persona que aviva el fuego.

La falta de curiosidad es un caldo de cultivo para

- los estereotipos y la discriminación que, en el extremo, conducen al odio e incluso a la violencia,
- la confianza exagerada y la ignorancia, que llevan a tomar malas decisiones, y
- el dogmatismo y el pensamiento rígido, que es lo opuesto a la flexibilidad psicológica.

En cierto modo, la última década ha sido testigo de un aumento de incidentes de liderazgo cristiano que se reafirma en la certeza. Esto ha sucedido en el ámbito político, teológico y ecuménico. Muchas iglesias han estrechado sus filas, volviéndose más recelosas de la incertidumbre en lugar de estar más abiertas a la curiosidad.

Kashdan advierte: «Debemos desconfiar de la necesidad de certeza. Buscar la certeza puede hacer que nuestras creencias y nuestra toma de decisiones se cristalicen prematuramente, y la renuencia resultante a considerar nueva información puede perjudicarnos a largo plazo. A partir de la investigación sobre este tema, conocemos la triste ironía de que cuanto mayor es la necesidad de certeza de una persona, más segura está de que sus ideas son las "adecuadas"»[2].

Aunque las observaciones de Kashdan no se dirigen en absoluto a la iglesia o al cristianismo, no es difícil ver cómo se relacionan. En nuestra búsqueda de la verdad, la fe cristiana puede aportar satisfacción a las incógnitas de la vida. Sin embargo, un cierre prematuro de nuestra comprensión (una noción interna de que prácticamente lo hemos descifrado) tiene el potencial de llevarnos a una experiencia menor de la Trinidad en nuestra vida diaria. Podría llevarnos a juzgar y menospreciar a nuestros semejantes en lugar de comprometernos en las profundas expresiones de amor que Cristo ordenó incluso hacia nuestros enemigos. Vemos a las personas con una menor necesidad de cierre como una amenaza para nuestra propia fe, en lugar de verlas como alguien que solo tiene una forma diferente de explorar la fe que nosotros.

Etapa de la deconstrucción, ¿cuál es tu función?

Cuando un cristiano siente curiosidad en una cultura de certezas, puede descubrir que no tiene un lugar seguro donde explorar sus preguntas. Las personas que ha llegado a considerar familia, en una cultura que valora el cierre, a menudo no saben cómo responderles. Esto puede generar dudas y luego la necesidad de reestructurar los cimientos de su comprensión del cristianismo. Este es un proceso de maduración para la mayoría de los cristianos, pero algunas comunidades de fe no pueden manejar las dudas y preguntas de sus hermanos y hermanas, lo que hace que las personas se sientan solas, rechazadas, desorientadas y desilusionadas. Algunos han llamado a este fenómeno «deconstrucción».

Los cristianos no tienen por qué mostrarse escépticos ni juzgar a quienes dicen estar «deconstruyendo» su fe. Por el contrario, podemos reconocer que están atravesando un importante proceso de exploración de sus suposiciones y siguiendo su inclinación natural a comprender mejor lo que creen y por qué. Y podemos acompañarlos, en gracia y humildad, a fin de ayudarlos en su viaje y dejar espacio en nuestras comunidades para su exploración.

Imaginémonos a una joven llamada Carrie. Esta joven se crio en un hogar cristiano conservador, le entregó su vida a Jesús a una edad temprana, y pasó sus años de escuela secundaria y de instituto como líder estudiantil dedicada en el grupo de jóvenes, frecuentando los estudios bíblicos de los miércoles por la noche y los viajes misioneros de verano. Cuando Carrie alcanzó la mayoría de edad, empezó a prestarle atención al mundo que la rodeaba. Como muchas personas de su edad, Carrie comenzó a preocuparse por las frecuentes historias de brutalidad policial desenfrenada, en particular contra las personas de raza negra. También empezó a sentirse incómoda con ciertas figuras políticas que, por un lado, afirmaban tener fe cristiana, pero cuyo comportamiento y políticas parecían contradecir las enseñanzas bíblicas.

Estas cosas, junto a otros factores relacionados, llevaron a Carrie a un viaje espiritual para reevaluar las creencias cristianas con las que creció. Fíjate que Carrie no está cuestionando su creencia en Dios ni su fe en Jesús. Estos elementos fundamentales de su fe están seguros. Sin embargo, está sintiendo más curiosidad por algunas de las interpretaciones bíblicas que aprendió mientras crecía, así como por las implicaciones sociales de esas creencias.

Ese es el proceso que algunos han llamado *deconstrucción*. Este término tan amplio puede abarcar una gran variedad de recorridos espirituales. Algunos pueden ser mucho más dramáticos que el de Carrie: cristianos de toda la vida se cuestionan su fe en Jesús o abandonan el cristianismo por completo. Otros pueden ser más matizados, con cristianos que se replantean pequeños detalles de la fe. Sea cual sea el aspecto de este proceso, puede ser muy aterrador y solitario para los cristianos que practican su fe en entornos de alta certeza.

Volvamos a Carrie. Digamos que les lleva algunas de sus preguntas a algunos cristianos mayores en su iglesia. Digamos que expresa su indignación por las historias que ha visto de policías que disparan a personas negras desarmadas. Digamos que expresa su decepción cuando respetados líderes cristianos apoyan a políticos que se comportan de forma poco cristiana.

Este es un punto crucial en el proceso de deconstrucción de Carrie. Si los líderes cristianos de confianza reaccionan ante ella con juicios, actitud defensiva o indignación, la lección que Carrie aprenderá con toda probabilidad es que la iglesia no es un lugar para gente como ella. Comprenderá que en el cristianismo no se permiten preguntas y que la querida comunidad en la que creció la ha aceptado solo con la condición de que se trague sin rechistar hasta la última cucharada que le den de comer.

No hace falta decir que este no es un terreno fértil en el que pueda florecer una fe fuerte y robusta. Si Carrie se queda en la iglesia, sus creencias estarán arraigadas en el temor. Se abstendrá de hacer preguntas sobre cosas que son importantes para ella. Su fe será como un castillo de naipes: intrincada por fuera, pero fácil de derribar. No hará falta mucho para que la fe de Carrie se venga abajo.

Es muy probable que Carrie no permanezca en la iglesia, pues siente que ella y sus preguntas no son bien recibidas. Tal vez decida que los cristianos que siempre dio por sentado que tenían una fe sólida no tiene raíces profundas, y le temen a cualquier pregunta o duda. En este punto, su limitado proceso de deconstrucción puede entrar en acción. Después de todo, si las personas que le enseñaron a creer en Jesús no pueden responder a unas pocas preguntas, ¿por qué confiarles las grandes cuestiones de la vida y el sentido? ¿Por qué sorprenderse si Carrie lleva sus preguntas a otra parte, a personas ajenas a la fe cristiana que muestren interés en escucharla?

Es más, esto puede explicar el éxodo que hemos visto de la iglesia entre los jóvenes, que fueron en busca de formas de explorar su fe y se encontraron con que les cortaban el paso a cada pregunta. Los cristianos que se negaron a satisfacer la curiosidad de personas como Carrie quizá pensaran que les hacían un favor, alejándolos de una «pendiente resbaladiza». Lo cierto es que, en realidad, los empujaban hacia una pendiente diferente que también los llevaba por mal camino.

¿Y si, por el contrario, las preguntas de Carrie no se respondieran con alarma, juicio o actitud defensiva, sino con curiosidad mutua? ¿Y si los cristianos mayores a los que se dirigió le hicieran preguntas en respuesta, tratando de comprender mejor las creencias y los sentimientos de Carrie en lugar de dar por sentado que ya entendían todo lo que había que saber sobre su curiosidad? ¿Y si la ayudaran a conectar sus preguntas con el corazón de Dios para todas las personas de una manera que invitara a Carrie a una comunión más profunda con la iglesia en lugar de alejarla?

Cuando esto sucede, la deconstrucción solo se convierte en el primer paso de un proceso de «reconstrucción»: convertir una fe joven y débil en algo sólido y resiliente, que pueda soportar las tormentas de la vida. Carrie sabe ahora que puede aportar su curiosidad natural a su comunidad de fe y que el viaje que está emprendiendo no es algo que tenga que hacer sola. Tiene guías de confianza que pueden escuchar sus preguntas, ponerla en contacto con recursos y acompañarla en el camino que tiene por delante. Incluso pueden aprender de ella, entendiendo que Dios nos está hablando a todos y que algunas de las cosas que le ha estado enseñando pueden muy bien ser cosas que el resto de la iglesia necesita escuchar. Fomentar la curiosidad no solo es bueno para los curiosos espirituales, sino que beneficia a toda la iglesia.

En sentido estricto, Carrie es hipotética. Sin embargo, la realidad es que en tu iglesia hay hombres y mujeres como Carrie. Están llenos de preguntas, pero tienen miedo de hablar. Comprenden de manera intuitiva que se encuentran en una cultura muy cerrada y se protegen siguiéndole el juego. En cambio, si nos esforzamos por hacer de nuestras iglesias lugares seguros para que los curiosos espirituales cristianos se sinceren y expresen sus preguntas, nos sorprenderá ver cuántos aceptan la oferta y ven cómo su fe se profundiza como resultado.

La necesidad de más misterio

Debemos ser sinceros con nosotros mismos acerca de nuestra necesidad de cerrar el ciclo si queremos tener una fe resiliente. La certeza prematura no construye cimientos fuertes, sino más bien frágiles. Si algo no está formado por completo, se necesita muy poco para derribarlo.

Un lugar muy fácil para observar todo esto es el continuo «debate» entre lo que dice la Biblia y lo que enseña la investigación científica. Debido a la tensión entre las Escrituras y la ciencia, he visto a muchos jóvenes desviarse de una fe endeble hacia algo sólido y resiliente, capaz de no creer, cuando nada de eso tenía que suceder. Es posible por completo tener plena confianza en las Escrituras sin descartar de plano la ciencia moderna. La Biblia misma nos da los recursos para esta actitud.

Una de las cualidades únicas de la sabiduría hebrea son los límites que les impone al conocimiento y a la comprensión humanos, que se exploran sobre todo en Eclesiastés y, una vez más, en el libro de Job. Los amigos de Job, e incluso el propio Job, dan por sentado que llevar una vida virtuosa conduce a la felicidad y la prosperidad. Sin embargo, es evidente que no es así. Los amigos de Job suponen que hizo algo malo. De lo contrario, ¿por qué se enfrentaría a tanta desgracia? Job, en cambio, sabe que no ha pecado contra Dios. Solo cuando Job se debate con Dios, este le revela que la mente humana no puede comprenderlo por completo. A pesar de todo lo que se ha revelado en la naturaleza, y más tarde en las Escrituras, todavía vemos a través de un cristal, oscuramente.

Para los cristianos, la amonestación que Dios le da a Job es un buen recordatorio para mantener la humildad intelectual y evitar la arrogancia que aleja a las personas de la fe. A veces, la respuesta a nuestras preguntas más importantes no es más certeza, sino más misterio.

Así que tenemos dos trayectorias de búsqueda de información: una que está motivada por el cierre y la otra que es abierta. Teniendo esto en cuenta, se puede entender por qué podemos malinterpretar el tipo de búsqueda que hace la persona curiosa y lo que busca de veras. Este malentendido conduce a errores como los que siguen.

Confundimos la búsqueda del curioso con una búsqueda finita

Los curiosos que no están motivados por el cierre suelen sentir curiosidad por muchas cosas. Son como mariposas que se posan en un tema por un momento y luego se van a otro tema. En cambio, si el objetivo es el cierre, la única misión del individuo es llevar su exploración a un final definitivo. Son más bien como tejones que no paran de escarbar hasta encontrar lo que buscan.

Anika, la curiosa espiritual que presentamos al principio de este libro, estaba muy absorta en nuestra conversación hasta que su atención se desvió hacia otra parte. Algo nuevo cautivó su interés, y no le molestó que la conversación anterior no hubiera llegado a ninguna conclusión real. Para ella, ese momento en particular contenía suficiente satisfacción.

Más tarde, la invité a continuar nuestra conversación sobre exploración espiritual. Nunca la aceptó. No fue porque estuviera resentida conmigo o no disfrutara nuestra conversación anterior; solo que pasó a explorar otros temas. Gracias a Dios, nuestros caminos volvieron a cruzarse. En nuestro siguiente encuentro, tomé la decisión consciente de alimentar la curiosidad por otros aspectos de su vida, lo que llevó a un compromiso más profundo.

Si no estás interesado de veras en seguir la vida con una persona curiosa espiritual, no dará resultado; tienes que preocuparte por algo más que la parte espiritual de su viaje.

Confundimos la búsqueda del curioso con la búsqueda de un experto o una autoridad que haya resuelto el problema

Si eres una persona que busca un cierre, encontrar una autoridad o un experto (una persona con credenciales) es una prioridad absoluta. A veces, obtener la opinión de un experto puede ser suficiente para completar el proceso de descubrimiento. Sin embargo, es poco probable que los curiosos encuentren que la autoridad de las Escrituras sea suficiente, por sí misma, para aceptarla. ¿Les interesará escuchar la opinión de alguien experto en un tema? Sí, mucho. En cambio, tienden a estar más interesados en la autovalidación. Por lo tanto, es probable que una experiencia real con la Biblia vaya mucho más lejos que un simple texto de prueba. A menudo me he dado cuenta de que es útil proporcionar pruebas de otras autoridades en contra de mi posición. Ofrecerles a las personas curiosas la opción de explorar perspectivas alternativas despierta su interés por ver todas las caras de un asunto. Disfrutan escuchando opiniones diferentes. Al apelar a su curiosidad innata, abrimos las puertas a un compromiso más profundo y a experiencias potencialmente transformadoras.

Nos equivocamos al creer que necesitamos cerrar el trato

Cuando llegue al cielo, tendré curiosidad por saber qué le ocurrió al joven rico de los Evangelios. ¿Llegó a confiar en Jesús? En todos mis cincuenta y tantos años de ir a la iglesia, casi todos los sermones que he escuchado sobre el joven implicaban firmemente que tal vez se alejara de Jesús para siempre y se fuera al infierno a su muerte.

Y quizá sea eso lo que debamos suponer. Aun así, permíteme ofrecerte otra posibilidad. Quizá Jesús estaba demostrando la importancia de ser conscientes de la jornada de descubrimiento en la que se encuentra cada persona. Sabemos que Jesús amaba a este joven rico. También sabemos que no corrió tras él para rogarle que se quedara. Tal vez Jesús comprendió que la confianza necesita tiempo para desarrollarse con firmeza. El joven se alejó, pero quizá no para siempre. Jesús le cambió el paradigma a este hombre y desafió sus suposiciones. A Jesús no le interesaban las creencias fáciles y baratas, y estaba dispuesto a darle espacio a este joven para que procesara esta nueva información. Le dejó la puerta abierta para otras conversaciones espirituales futuras Le dejó la puerta abierta para una conversación espiritual posterior. Si confiamos en Jesús, no deberíamos tener problemas en hacer lo mismo.

Hacemos demasiado difícil que alguien confíe en Jesús

Hay muchas advertencias sobre tener cuidado de no llevar a otros por mal camino o hacerlos tropezar. Estos pasajes son severos, como las palabras de Jesús en Mateo: «Si alguien hace pecar a uno de estos pequeños que creen en mí, más le valdría que le colgaran al cuello una gran piedra de molino y lo hundieran en lo profundo del mar» (18:6).

A veces nos preocupamos tanto por vivir la vida cristiana como es debido que hacemos que a los novatos les resulte intimidante siquiera intentarlo. Somos como patinadores de hielo que esperan que los demás consigan un triple *axel* la primera vez que se atan un par de patines. Aunque no creamos de manera consciente que tienen que cambiar su comportamiento o creer en conceptos teológicos específicos para ser un verdadero cristiano, seguro que nos comportamos de esa manera, incluso sin intención. Ponemos una gran carga sobre las personas para que imiten nuestras propias creencias y comportamientos a la perfección, en lugar de permitir que su confianza sencilla e infantil madure con el tiempo.

En Marcos 10:14-15, Jesús también dijo acerca de los niños, en una reprimenda a sus discípulos: «Dejen que los niños vengan a mí; no se lo impidan, porque el reino de Dios es de quienes son como ellos. Les aseguro que el que no reciba el reino de Dios como un niño, de ninguna manera entrará en él».

¿Quién es más curioso que un niño? Sin embargo, los adultos mayores y más maduros podrían argumentar que los niños hacen demasiadas preguntas, que aún no tienen todas sus facultades intelectuales y que necesitan más fundamento para dejar de molestar a los adultos. Y algunos creyentes más maduros y orientados a la certeza dicen lo mismo de los curiosos espirituales. En Hechos, cuando los gentiles se convertían y eran llenos del Espíritu, estalló una controversia. ¿Qué tienen que hacer los gentiles ahora que son cristianos? Hasta ese momento, la iglesia primitiva había estado compuesta casi en su totalidad por creyentes judíos. ¿Deben los nuevos creyentes gentiles adoptar prácticas judías? La respuesta de Santiago es clara: «Por lo tanto, yo considero que debemos dejar de ponerles trabas a los no judíos que se convierten a Dios» (15:19).

Les aconseja algunas prácticas culturales que sería bueno que observaran para su propio beneficio y para mantener la paz en la comunidad. Sin embargo, estas prácticas no son un desafío ni son barreras para convertirse en parte de la fe. Nosotros tampoco deberíamos dificultar sin necesidad el acceso a Jesús a los curiosos espirituales.

Lo que requiere la curiosidad

Espero que te estés dando cuenta de que parte de llegar a los curiosos es volvernos más curiosos nosotros mismos. Sentir curiosidad por las vidas y las peregrinaciones espirituales de los demás nos ayuda a comprometernos mejor y de manera más sincera con ellos. Sentir una profunda curiosidad por Dios nos llevará a pasar más tiempo con Él, lo que conducirá a una mayor intimidad en nuestra relación con Él. Tener una curiosidad general por el mundo demuestra humildad y un reconocimiento de que siempre habrá más cosas que aprender. La curiosidad requiere...

Conciencia de suposiciones, barreras y limitaciones

A veces no sabemos qué más hay allá afuera hasta que nos acercamos a la cerca. Cuanto más conscientes seamos de nuestras suposiciones, más podemos encontrar espacio para la curiosidad. Sin duda, algunos de los fariseos con los que se relacionó Jesús carecían de curiosidad. Mientras que algunos, como Nicodemo, eran bastante curiosos, otros fariseos habían hecho muchas suposiciones, establecido muchas barreras y creado limitaciones que en realidad obstaculizaban su búsqueda de la santidad en lugar de ayudarla. Tenían tantas reglas sobre cómo encontrar al Mesías que no lo vieron cuando tuvieron la oportunidad.

Crecí en una ciudad rural del sur de California. No vivíamos lejos de Los Ángeles, pero esa ciudad, con su influencia cosmopolita y su hervidero de cultura, bien podría haber sido otro planeta. Mis padres no escuchaban la radio y la televisión estaba bastante limitada. Nuestra vida estaba llena de actividades y relaciones vinculadas con la iglesia. Aunque mis padres nunca hablaban mucho de estas cosas, me sentía muy incómodo con el alcohol y la música *rock* cuando estaba en la escuela primaria. Recuerdo que una vez entré en una sala de profesores y vi a casi todos fumando como chimeneas. De inmediato, perdí el respeto que tenía para la mayoría de ellos. Lo mismo me ocurría con los adultos que bebían alcohol, algo que rara vez presencié hasta que me hice muy amigo de una familia que vivía al final de la calle.

Esta familia no oraba antes de las comidas, bebía vino y escuchaba *rock*. También iban al cine con mucha más frecuencia que nosotros. Aunque mis padres influyeron mucho en mí, también lo hizo esta familia. Aprendí sobre cultura, arte y entretenimiento gracias a ellos. Una vez, cuando estaba en primaria, recuerdo que cuestioné lo malo del alcohol en su casa y se rieron de mí. (Tuve suerte de que no me echaran; ¡era un niño muy prejuicioso!).

Durante mi adolescencia aprendí que tenía ciertas suposiciones sobre la vida que habían limitado mi comprensión de Dios, de mí mismo y de los demás. También había puesto barreras que limitaban mis experiencias y zonas de comodidad. A veces, mi falta de curiosidad no provenía de una convicción real. Venía del miedo a lo que podría descubrir si empezaba a explorar.

Abordar lo conocido y lo desconocido con valentía y humildad

Si Dios está de nuestra parte, ¿quién puede estar en contra nuestra? Cuando Jesús invitó a sus discípulos: «Vengan, síganme [...], y los haré pescadores de hombres» (Mateo 4:19), estoy bastante seguro de que no tenían ni idea de lo que estaba hablando.

Su sentido de curiosidad los llevó a soltar las redes y seguirlo. Los llevó a diferentes pueblos, «al otro lado». Los llevó a quebrantar el sábado y a relacionarse con los marginados. Y si no lo hubieran hecho, es posible que Pedro nunca hubiera declarado que Jesús era el Cristo. Nunca habrían visto milagros realizados.

La decisión de los discípulos requería valentía, pero esa valentía también exigía cierta humildad. Ese mismo equilibrio de valentía y humildad se requiere de nosotros. Para ser sabios de veras, debemos comprender los límites de nuestro conocimiento. Tenemos que confiar en Dios (y estar a bien con Él) como el único que tiene el control.

Un llamado a la reflexión

Cuando algo te perturba o te confunde, ¿cómo sueles responder? Muchos de nosotros nos apresuramos a encontrar una solución, pasando por alto las complejidades que surgen en el camino, ¿pero eso de veras ayuda a nuestro crecimiento?

En nuestro mundo dividido, a menudo sacamos conclusiones fáciles y unidimensionales sobre las personas que piensan de manera diferente a nosotros en lugar de preguntarnos: «¿Por qué creen eso? ¿Qué los hace adoptar esa postura?». No asumimos que sus razones para creer lo que creen quizá estén tan matizadas y complicadas como las nuestras.

Este enfoque no se trata de comprometer nuestras creencias. Se trata de tratar de analizar de manera más profunda la vida y las experiencias de otra persona, a fin de llegar a conocerla y saber las razones por las que puede pensar de cierta manera sobre ciertas cosas.

Entender que, si bien la verdad puede ser la meta deseada, el destino no es lo formativo, sino el camino

De alguna manera, los cristianos están casi predispuestos a saltar a la certeza por encima de la curiosidad. Como veremos más adelante en el capítulo 7 (consulta el gráfico en la página 160). Es mucho más probable que los cristianos, en especial los practicantes, digan que se sienten «cómodos y seguros con sus creencias» que «obligados a profundizar para aprender más sobre lo que creen» o «contentos de no tener todas las respuestas». Y la brecha entre su certeza y la compulsión a profundizar, o la satisfacción por no tener todas las respuestas, es significativamente mayor que entre los curiosos escépticos o los curiosos espirituales. Creo que esto se debe a que consideramos que la «verdad» es fundamental para nuestra fe.

Sin embargo, para que la verdad nos cambie, debemos hacer más que solo aceptarla en lo mental. Es el viaje de los curiosos el que conduce a la verdadera transformación, y eso puede llevar algún tiempo. A veces, la lucha por comprender la verdad es el proceso que nos cambia de veras. La sabiduría bíblica deja en claro que existen límites a la comprensión de la verdad por parte de la humanidad. Aunque la verdad puede hacernos libres (Juan 8:32), Job nos recuerda que Dios no ha dado a conocer toda la verdad ni tenemos derecho a acceder a ella. Esto no significa que la verdad no exista ni que no debamos esforzarnos por conocerla, solo que debemos tener la humildad de recordar que nunca la comprenderemos por completo en este lado de la eternidad.

Es más, la Biblia nos enseña que a Dios le place crear misterios, de modo que podamos disfrutar del proceso de explorarlos. Proverbios 25:2 dice: «La gloria de Dios es ocultar un asunto y la gloria de los reyes es investigarlo». Cuando «investigamos» un asunto, participamos de la gloria de Dios de una manera profunda. Y aunque nuestra búsqueda de la verdad puede revelar muchas respuestas acerca de nuestro Creador, siempre debemos recordar que nunca lo sabremos todo de este lado de la eternidad. Como dice 1 Corintios 13:12: «Ahora vemos de manera indirecta y velada, como en un espejo; pero entonces veremos cara a cara. Ahora conozco de manera imperfecta, pero entonces conoceré tal y como soy conocido».

Hay que reconocer que la curiosidad no compromete las convicciones

«La curiosidad mató al gato». La implicación, por supuesto, es que la curiosidad es un defecto peligroso de la personalidad. Este conocido fragmento de sabiduría convencional ha impedido que varias generaciones alguna vez exploren la majestuosidad y amplitud de la creación de Dios, y la maravilla de quiénes estamos hechos para ser a su imagen.

Si todo lo que es verdad pertenece a Dios, no tenemos por qué temerle a la curiosidad. La curiosidad solo busca lo que es verdadero, así que podemos confiar en que cualquier búsqueda seria nunca se alejará del Autor de toda verdad. A menudo me decían que había ciertos lugares y experiencias que debía evitar por temor a que fallaran mis convicciones. «No te acerques demasiado al fuego o te quemarás», dice el adagio común.

Sin duda, es sensato ser prudentes a la hora de elegir los entornos en los que nos movemos. Sin embargo, lo lamentable es que hemos tenido tanto miedo de «quemarnos» que evitamos lugares que podrían frecuentar las personas curiosas. Tenemos tanto miedo incluso de la apariencia del mal que no fraternizamos con quienes buscan lo que decimos haber encontrado ya.

Acuérdate de Jesús...

Mateo nos dice: «Vino el Hijo del hombre, que come y bebe, y dicen: "Este es un glotón y un borracho, amigo de recaudadores de impuestos y de pecadores". Pero la sabiduría queda demostrada por sus hechos» (11:19). Jesús no permitió que el miedo a que lo asociaran con un comportamiento escandaloso le impidiera conectarse con los curiosos espirituales. Estar abierto a la curiosidad desafiará tus suposiciones, barreras y limitaciones. Puede resultar incómodo. Sin duda, incomodará a los demás. No obstante, también te llevará a un encuentro más profundo con Jesús, con las personas por las que murió para salvarlas y con su misión.

CAPÍTULO 6

Cómo involucrar al curioso espiritual

Como cristianos tenemos la oportunidad de involucrar a los curiosos espirituales en conversaciones significativas acerca de la fe. Una de las mejores maneras de hacerlo es aprendiendo a formular lo que llamo *preguntas de descubrimiento espiritual*. Estas preguntas nos ayudan a comportarnos de manera curiosa con otras personas, permitiéndoles liderar su propio camino. También es una oportunidad para romper algunas de nuestras ideas condicionadas sobre los no cristianos y sus suposiciones sobre nosotros como cristianos.

¿Puedo orar por ti?

Cuando tenía poco más de veinte años, Phil Newberry, un amigo y pastor de jóvenes de la iglesia bautista Bellevue en Memphis, Tennessee, fue el primero en darme un ejemplo de cómo es una buena *pregunta de descubrimiento espiritual*. Nos habíamos reunido para almorzar y, después de hacer nuestro pedido y de tener una conversación amistosa con nuestra camarera, Crystal, Phil le dijo con osadía. «Crystal, Mark y yo vamos a orar por nuestra comida cuando llegue. ¿Hay algo por lo que te gustaría que oráramos por ti?».

Casi me caigo de la silla ante su atrevimiento. Sin embargo, lo que de veras me impresionó fue ver a Crystal llorar. Nos contó que sabía que tenía que terminar con su novio, pero que no sabía cómo hacerlo. Una simple pregunta nos abrió una ventana a su dolor más profundo y le brindó un momento de auténtica atención por parte de dos desconocidos.

Experimenté este mismo fenómeno con Phil muchas veces. A menudo, las personas se sinceraban sobre sus dolores y luchas profundas. Otras veces, pedían poco más que oración por un ser querido que estaba enfermo. Aun así, nunca vi a nadie negarse a la oración.

Una vez, cuando le hice esta pregunta a un camarero por mi cuenta, sin Phil, me dijo que no se le ocurriría nada por lo que orar. Sin embargo, cuando más tarde volvió con la cuenta, me dijo: «No se me ocurrió nada cuando me lo preguntaste. Nunca nadie me había preguntado si podía orar por mí. Veo que ya lo hizo, pero si vuelve a orar, ¿lo harías por un examen que tengo el viernes?». Mis ofrecimientos para orar nunca han dejado de obtener una respuesta grata.

Ahora bien, no me ofrezco a orar tan a menudo como Phil (¡quizá debería hacerlo!), pero lo que aprendí de él fue que la mayoría de las personas no son hostiles al compromiso espiritual. Es más, todo lo contrario. A menudo son accesibles.

El compromiso espiritual

Quiero explorar algunos marcos únicos para involucrar a los curiosos espirituales, pero la primera consideración es abordar la fuente de su curiosidad.

¿Recuerdas mi conversación con Anika en el capítulo 1? ¿Te fijaste que cuando le hablé del evangelio usé la imagen de un espejo roto para comunicar cómo el pecado destruyó nuestra relación con Dios y nuestra capacidad de reflejarlo, de dar conocer su carácter?

Creemos que a todas las personas nos crearon a imagen de Dios, pero el pecado ha alterado la capacidad de ser portadores de su imagen. La imagen de Dios en nosotros es como un espejo roto, pero hay «fragmentos» que reflejan el carácter de Dios, aunque sea de manera imperfecta. Cuando un curioso espiritual se conecta con estos fragmentos, percibe la sensación de hacer aquello para lo que se creó, y eso puede hacer que algunos quieran experimentar más. Vemos ejemplos de esto en todas partes.

Sienten la compasión de Dios y quieren cuidar de los que sufren.

Sienten la justicia de Dios y quieren oponerse a la injusticia, corregir los errores.

Sienten la paz de Dios y quieren reconciliar a las personas que luchan entre sí.

A esto le podríamos llamar una expresión de «curiosidad redentora»: personas que ejercen el carácter de Dios al conectarse con los fragmentos de su imagen en ellas, posiblemente sin siquiera darse cuenta. Puede que sean conscientes de que los pocos fragmentos que han recogido no son suficientes, que debe haber una manera de volver a unir estos fragmentos para formar un espejo completo, pero la condición del pecado ha destruido su capacidad para hacerlo por completo. Y así vemos que el mundo intenta hacer el bien separado de Dios, lo que inevitablemente se queda corto.

Definamos el pecado

Es muy difícil hablar del cristianismo sin hablar del pecado, y me parece que a muchos cristianos les cuesta definir el pecado. Tal vez esto se deba a que trabajamos con varias definiciones diferentes de la palabra. Dada la herencia cristiana de Estados

Unidos, muchas personas tienen conceptos muy diferentes sobre lo que es el pecado. Esto crea mucha confusión.

Cuando la mayoría piensa del pecado, lo hace en cuanto a ciertos comportamientos tabúes que Dios, o un grupo de personas, considera prohibidos. La lista de pecados es numerosa, y no existe una lista definitiva y exhaustiva de todos y cada uno de los pensamientos y comportamientos que debemos evitar. Y no hay duda de que nuestro ser humano le pone diferente peso sobre distintos pecados también. Hay pecados «grandes» como el asesinato y el robo, por supuesto. Sin embargo, también hay pecados «menores», como como la mentira, la lujuria y el chisme. ¿Y qué me dices de las excepciones, como matar en defensa propia o mentir para proteger a alguien, lo que hicieron muchos valientes alemanes que escondieron a familias judías de los nazis en Alemania durante la Segunda Guerra Mundial? Y eso sin hablar de si un acto pertenece al antiguo pacto o al nuevo pacto. ¿Y qué pasa con los comportamientos que existen hoy en día que ni siquiera se mencionan en las Escrituras?

Sabemos que algunos fariseos, en su búsqueda de la santidad, también lucharon con estas cosas, definiendo muchas leyes de pureza para ayudar a los piadosos a vivir lo mejor que pudieran. En cambio, todo eso se vino abajo, ¿verdad? Estos fariseos malinterpretaron el pecado, la gracia y a Jesús mismo, incluso cuando estaba a su lado.

Por todas estas razones, tenemos que ir más allá de pensar en el pecado como una simple lista de lo que se debe y no se debe hacer. Tenemos que considerar lo que pensamos sobre el pecado al elaborar nuestro mensaje para los curiosos espirituales, pues también tienen sus ideas al respecto.

He aquí un enfoque para enmarcar el pecado que he encontrado útil para involucrar al curioso espiritual en este tema:

Pasar de describir el pecado como una «lista de comportamientos» a definirlo como una condición

Al presentarles a Cristo a las personas neutrales en lo espiritual, la condición del pecado es el tema más importante. Muchos curiosos espirituales piensan en la moralidad como una balanza gigante, donde un día se pesarán las buenas y las malas acciones y cada persona se juzgará en consecuencia. Según la perspectiva que cada persona tenga sobre la vida después de la muerte, sus pensamientos posteriores pueden variar en cuanto a cómo este juicio afectará a su reencarnación, su postura en la otra vida u otro estado futuro. Sin embargo, esta idea no es útil y no es como la Biblia habla del pecado. Quiero que vean el pecado como una condición, no como un escenario que conduce a una proporción de obras buenas y malas.

Afirmar las conexiones positivas con la motivación de los curiosos espirituales hacia la espiritualidad

Es fácil centrarse en lo negativo: cómo el pecado nos ha separado de Dios. En cambio, hablar del pecado como una condición también nos señala las Buena Nuevas: la imagen de Dios en todos nosotros puede estar rota, pero de ninguna manera está perdida para siempre. Conectar su curiosidad por la espiritualidad con la imagen de Dios en ellos ayuda a los curiosos espirituales a entender cómo encajan en la historia del jardín del Edén y por qué necesitan a Jesús. Quieren ser capaces de reflejar la imagen de Dios que han visto. (¡Solo espera a que lo conozcan!).

Enmarcar el pecado mediante la teología relacional

La caída de la humanidad destruyó nuestras relaciones con Dios, con los demás, con la creación y con nosotros mismos. Esto queda muy claro incluso con una comprensión superficial de la historia de la caída en el Génesis. Es una historia con la que nunca he tenido problemas. Incluso si deciden que Jesús no es en quien confían para tener esperanza, ven bajo una nueva luz lo que Jesús hizo a través de su muerte y resurrección. Entonces, el pecado, ya sea una condición o un comportamiento específico, es el destructor de las relaciones.

Recuerda, para las nuevas generaciones, las relaciones *lo son todo*. Usar un lenguaje relacional para explicar el pecado y la redención es hablarles en su idioma materno.

Enmarcar la redención como antídoto contra el pecado

Aunque hay un elemento legal en la comprensión de la expiación, hemos hecho que el aspecto legal sea primordial y hemos pasado por alto el aspecto relacional de la redención. Todos hemos escuchado a predicadores decir: «Jesús no te está ofreciendo una "tarjeta para salir gratis del infierno"; te está ofreciendo una relación con Él». Esto es muy cierto, pero plantea una pregunta: ¿Por qué necesitamos aclarar esto? ¿Dónde se desvió tanto nuestra presentación del evangelio que tanta gente piensa que Jesús no es más que una escalera para escapar del infierno?

Siempre me dijeron que el no cristiano busca llenar el «hueco de su alma». Parece que pensamos que todos los no cristianos tienen un cierto malestar en la vida que el cristianismo puede solucionarles. La gente puede tener ese «hueco en el alma», pero en mi experiencia, muy pocas personas son de veras conscientes de esto. Aunque muchos, como los que luchan contra la adicción, por ejemplo, pueden ser conscientes de que les falta algo en la vida, es raro que una persona a la que he llevado a Cristo mantenga esta actitud.

En vez de pedirle a los no cristianos que se enfrenten a una crisis existencial que la mayoría ni siquiera experimenta, quizá debamos pedirles que exploren su deseo interno de hacer el bien. El mundo está lleno de personas no cristianas que hacen el bien. Quizá no sea un hueco en el alma lo que anhelan que se llene, sino algo roto que quiere agrandarse y restaurarse. Ese algo roto es la imagen de Dios en la cual nos crearon a todos y que ahora es un simple fragmento del reflejo completo de Dios.

Ahora inicias una conversación al encontrar la parte de ellos que experimenta la imagen de Dios. Esa es una manera mucho mejor de testificarles las Buenas Nuevas que empezar con: «Todos hemos pecado y ofendido a Dios». Aunque eso es cierto, recuerda que incluso Pablo comenzó su mensaje en el Areópago elogiando a su audiencia por ser personas espirituales, y les dijo que podía ayudarlos a conocer al Dios no conocido (Hechos 17).

Las suposiciones que podemos hacer

Volviendo a mis interacciones con los camareros (y otros desconocidos), he aquí algunas suposiciones que podemos hacer a partir de la investigación sobre alguien desconocido a quien te puedas acercar.

Es probable que crean que existe un mundo sobrenatural, incluso si no saben lo que creen al respecto

Cuando se les pide que valoren hasta qué punto están seguros de que existe una dimensión espiritual en la vida, el 78 % de los adultos estadounidenses están seguros por completo (42 %) o casi seguros (36 %) de que existe una dimensión espiritual. Barna también descubrió que las personas tienden a describir su espiritualidad como algo en desarrollo o en progreso, utilizando términos como «en crecimiento» y «abierto»[1]. Ser consciente de esto puede darte la confianza en que la persona con la que hablas, lo más probable es que crea algo sobre la espiritualidad y no esté cerrada a pensar o hablar acerca del tema. Comienza por ahí.

Tienen un viaje espiritual en su presente o pasado

Recuerda que el 64 % de los estadounidenses se identifican como cristianos y el 14 % dicen ser de otra fe, lo que deja un 22 % que dicen no tener fe. Sin embargo, de ese 22 % que dice «ninguna», el 55 % nos dice que se crio en un hogar cristiano (consulta la encuesta «Abiertos en lo espiritual», p. 228). En otras palabras, es muy probable que la persona desconocida a la que te acercas haya recorrido un camino espiritual en el pasado o en el presente, tal vez uno que haya pasado por la iglesia en algún momento. El hecho de que alguien afirme que no tiene ahora fe cristiana, no significa que la desconozca por completo.

Es más, su conocimiento específico puede haberle generado desprecio. Un punto clave de la investigación de Barna es que incluso los no cristianos abiertos en lo espiritual que tienen un trasfondo cristiano a menudo informan de experiencias *muy* diferentes de la iglesia a las de sus pares que han permanecido devotos[2]. Su viaje pasado con el cristianismo no condujo a un sentido de pertenencia. En su lugar, es posible que les faltara vitalidad u oportunidades para sentirse miembros significativos y activos de una comunidad de fe. Para muchos, puede haberse convertido en una fuente de ansiedad.

La persona con quién hablas puede saber más acerca del cristianismo de lo que esperas, y ese conocimiento puede haber venido acompañado de retos personales.

Es probable que tengan una idea de lo que ocurre después de la muerte, pero tal vez no sepan lo que les sucederá a ellos personalmente

Aquí tienes un 50 % de posibilidades. Cuando le pedimos a la gente que escogiera de una lista de opciones lo que cree que sucede cuando alguien muere, casi la mitad nos dijo que cree que la gente se enfrentaría a un juicio ante Dios por sus decisiones tomadas en la tierra. Puedes ver los resultados de este análisis en el gráfico «Cómo se relaciona la curiosidad con las opiniones sobre la vida después de la muerte» (p. 67).

Por otro lado, preguntamos: «¿Cuál de estas declaraciones describe mejor su creencia acerca de lo que le sucederá al morir?». ¿La respuesta más frecuente? No tienen idea.

Los curiosos no saben lo que les sucederá cuando mueran

¿Cuál de estas afirmaciones describe mejor tu propia creencia sobre lo que te ocurrirá después de morir?

	Todos los adultos de EE. UU.	Cristianos practicantes	Curiosos espirituales	Curiosos escépticos	Naturalistas
Cuando muera, iré al cielo, pues confesé mis pecados y acepté a Jesucristo como mi Salvador	29%	59%	29%	18%	1%
Cuando muera, iré al cielo debido a que, en esencia, soy una buena persona	14%	11%	13%	15%	1%
Cuando muera, iré al cielo, pues Dios ama a todas las personas y no las dejará perecer	7%	6%	8%	6%	2%
Cuando muera, iré al cielo porque he tratado de obedecer los Diez Mandamientos	5%	10%	5%	1%	–
Cuando muera no iré al cielo	4%	3%	5%	2%	9%
No sé qué pasará después de mi muerte	42%	11%	38%	58%	86%

n=1 501 adultos de EE. UU., 19-23 de febrero de 2023. Fuente: Barna Group

El 42 % dice que no sabe lo que le ocurrirá, superando con creces los porcentajes de los que creen que irán al cielo, pues confían en la muerte de Jesús en la cruz (29 %) o han sido buenas personas (14 %). Incluso cuando la gente saca conclusiones a grandes preguntas sobre la eternidad, el juicio divino o la vida después de la muerte, les cuesta situarse a sí mismos o a su propio futuro dentro de las respuestas.

Necesitan saber que te preocupas por ellos y que es seguro involucrarse contigo sinceramente

Aunque he descubierto que pocas personas resisten las conversaciones espirituales auténticas, tengo mucho cuidado en mantener mi postura de descubrimiento. No quiero solo «fingir» curiosidad, como un vendedor de autos de segunda mano que finge interés para que te quedes a escuchar su discurso. En lugar de eso, siento auténtica curiosidad por ellos. No se trata de un truco en el que, una vez que responden a mi pregunta, puedo decirles lo que quiero. Es más, intento no tener ningún resultado predeterminado, salvo la esperanza genuina de continuar la amistad.

Esto significa que les pido permiso antes de hacer una pregunta delicada. Si veo que pueden sentirse incómodos, me disculpo por indagar. Y siempre pregunto si le parece bien expresarle mi punto de vista o mi historia, en lugar de dar por sentado que sienten la misma curiosidad por mí.

Proverbios 27:14 dice: «La mejor bendición se juzga como maldición si se da a gritos y de madrugada». La idea detrás de este adagio bíblico es que la *manera* en que interactuamos con las personas es importante. Y que, si hacemos o decimos algo de forma equivocada, eso puede ser peor que no hacer o decir nada en absoluto. Cuando se trata de evangelización y alcance, puede que a muchos los condicionaran a meterse donde no son bienvenidos. La implicación es que las Buenas Nuevas son demasiado importantes como para preocuparse mucho por cuándo y cómo las damos, de modo que, si la gente no está de humor para escuchar lo que tenemos que decir, pues mala suerte. Trato de no pensar en mis interacciones con los demás de esa manera y me esfuerzo por no hacer que las oportunidades que tengo de interactuar con las personas sean más sobre mí que sobre ellas. Siento curiosidad por la espiritualidad de los demás, pues los asuntos espirituales y las personas son importantes para mí, y quiero que siempre se interesen más, no menos, en explorar el cristianismo y dialogar con los cristianos.

Es probable que les resulte más fácil contar historias personales que responder a preguntas sobre sus creencias

Gran parte de mi formación evangelística se ha centrado en preguntarles a las personas en qué creen. Me parece que la gente está muy dispuesta a participar con respeto a conversaciones sobre creencias, pero es mucho más interesante (y significativo) escuchar sus experiencias e historias espirituales. Es más, Barna ha averiguado que cuando las personas sin fe hablan de espiritualidad con un cristiano conocido, es más probable que digan haber tenido una experiencia positiva cuando hay algún intercambio de historias de fondo[3].

Aunque es importante hablar de las creencias, trato de no empezar con esas preguntas. Si lo hago, suelo enmarcarlas de la siguiente manera: «Algunas personas creen que Jesús era el Hijo de Dios y resucitó de entre los muertos, otras creen que solo era un buen maestro. ¿Has pensado mucho en esto alguna vez?». O: «Cuando falleció mi abuela, me hizo pensar en lo que le ocurre a una persona después de morir. ¿Has pensado mucho en esto?».

Preguntas para el descubrimiento espiritual

Como verás en los siguientes ejemplos, las preguntas para el descubrimiento espiritual pueden abarcar una amplia gama de temas y personalizarse de diversas maneras. De seguro que desarrollarás las tuyas propias, pero estas son algunas que he utilizado con éxito. Lo más difícil es preguntar en primer lugar, pero cuando lo haces y sale bien, ¡vaya! las conversaciones espirituales con desconocidos se convierten en algo natural. No solo les comunicas las Buenas Nuevas a los demás. Cultivas tu propia curiosidad infantil, aprendiendo más sobre el mundo que te rodea al conocer a otras personas y encontrándote con ellas donde están. Aquí no hay jerarquía. Entramos en estas conversaciones con humildad, reconociendo que todos tenemos mucho que ganar al conectarnos con los demás.

He aquí algunas sugerencias para el descubrimiento espiritual:

«Cuéntame de tu tatuaje»

Cuando alguien decide hacerse un tatuaje en un lugar visible, con frecuencia lo hace por una razón y con una gran intención (y si no, tal vez sea una historia aún mejor). El arte permanente que lleva una persona es una manifestación visible de muchas de sus decisiones de vida, y he descubierto que a casi todo el mundo le encanta contar su historia y mostrar sus tatuajes. A menudo están llenos de significado y tienen una profunda significación espiritual. La gente marca sus cuerpos para reconocer la amistad, recordar hitos personales, conmemorar pérdidas (*memento mori*), celebrar nacimientos y evocar uniones románticas. Cuando le pides a una persona que te hable de sus tatuajes, y lo hace, te invita a entrar en una parte sagrada de su vida.

«¿Has sentido alguna vez que Dios te perseguía?»

Mi amigo Eric Swanson es el maestro de las preguntas de descubrimiento espiritual. Una noche, después de conocer a nuestro camarero, Ruslan, y oír hablar de sus tatuajes (uno de los cuales era un símbolo budista que representaba su viaje espiritual), Eric inició una pregunta de descubrimiento con lo siguiente: «Hay una historia sobre un pastor que cuida de sus ovejas y una de ellas se aleja y se pierde. Entonces el pastor deja a las otras ovejas y sale a buscar a la perdida hasta que la encuentra. Es una historia de la Biblia, y se supone que el Pastor es Jesús. ¿Te has sentido alguna vez como esa oveja? ¿Como si alguien te persiguiera, tratando de encontrarte?».

Ruslan dijo: «Sí. Me he sentido así». Luego le preguntó a su jefe de turno si podía tomarse un descanso para charlar un poco más con nosotros.

Yo he descubierto que muchos curiosos espirituales se sienten perseguidos de una manera que no pueden explicar. La razón por la que se sienten así es, por supuesto, debido a que es cierto. Puede que seas tú el que les ayude a encontrarse con el Buen Pastor que los busca.

«Cuéntame de una persona cuya vida espiritual admiras mucho»

La mayoría de las personas tienen una respuesta a esta pregunta. Casi siempre es un abuelo, y muchas veces es un cristiano. En cualquier caso, esta pregunta suele dar lugar a una buena conversación. Y lo que aprendes sobre otra persona a través de esta respuesta es notable. Revela lo que admira en otros. La conversación lleva a muchos lugares inesperados. Sin embargo, lo que me parece más valioso es el semblante de la persona cuando habla de la persona que admira. Nos ablandamos cuando hablamos de las personas que nos importan.

En un mundo en el que a menudo se presenta a los cristianos de forma negativa, esta conversación puede ser un recordatorio de que hay cristianos devotos que son buenos. Y cuando las personas recuerdan eso, pueden estar más abiertas a la idea de que vale la pena considerar a Jesús de manera más profunda.

«¡DEBES ser cristiano!»

Es decir, conectar su trabajo con los ideales cristianos. «¡Debes ser cristiano!».

En *Fe para los exiliados*, David Kinnaman y yo presentamos la idea del discipulado vocacional como una de las cinco formas en que una nueva generación sigue a Jesús en la Babilonia digital.

A medida que el trabajo en los Estados Unidos se ha alejado del trabajo centrado en el trabajo para centrarse en el talento, la búsqueda de encontrarle un significado al trabajo se ha convertido en una prioridad para muchos. La reciente pandemia de COVID no solo trajo el trabajo a nuestros hogares, sino que nos dio la oportunidad de examinar lo que más importa.

No es que piense que el trabajo virtual sea mejor, o que no quiera volver a la oficina. Es que prefiero estar presente en casa en lugar de estar presente en el trabajo. Si voy a privar a alguien con mi falta de presencia, prefiero engañar a mi jefe y a mis compañeros de trabajo que a mi familia. No tener que viajar por una hora o más cada día significa más tiempo con los que más me importan.

El valor del trabajo se ha transformado con rapidez.

De las cinco prácticas que analizamos en nuestra investigación para *Fe para los exiliados*, de seguro que el discipulado vocacional era una de las «menos experimentadas» en nuestras iglesia de hoy en día, y aun así fue una de las características definitorias del discipulado resiliente. Fue sorprendente descubrir que seguir a Jesús transformaba la forma en que las personas veían el trabajo que hacían[4].

Durante el desarrollo de ese proyecto, creé un pequeño juego que utilizaba mientras viajaba. Si la persona sentada junto a mí me hablaba de su vocación, mi respuesta solo era: «Oh, ¡debes ser cristiano!». Como si su elección de trabajo ya fuera un indicio.

Las respuestas de las personas iban desde la desorientación hasta el enfado. La mayoría se quedaba boquiabierta y, mientras se reía, me preguntaba por qué había llegado a esa conclusión. Entonces, me tocaba describir por qué su carrera estaba vinculada a las virtudes cristianas.

He aquí una breve lista de algunas de las personas con las que me comuniqué. ¿Cómo relacionarías estas ocupaciones con el cristianismo?

- médico (fácil)
- experto en ciberseguridad
- fabricante de asfalto
- ingeniero de cartón corrugado (¡diseña cajas de cartón!)
- promotor urbanístico
- representante farmacéutico con un doctorado en estudios de género

Te daré un pequeño adelanto sobre este último. El representante farmacéutico terminó siendo una de mis experiencias más fascinantes, y gratificantes, con el tema del descubrimiento espiritual.

Cómo poner un mensaje en acción

El día que me encontré sentado junto al representante farmacéutico fue largo. Llegué al Aeropuerto Nacional Ronald Reagan a las cinco de la mañana para tomar un vuelo de las seis y media, solo para enterarme de que habían cancelado el vuelo. También era el primer día de muchas vacaciones de primavera, así que el siguiente vuelo disponible era a las seis de la tarde desde el Aeropuerto Internacional de Dulles (a casi cuarenta y cinco minutos de distancia). Estaba cansado y solo quería llegar a casa, pero mientras esperaba en la fila para que me cambiaran el billete, me dije: *Señor, voy a explorar esta ciudad buscando una razón para mi retraso.*

Comencé siendo amable a propósito con la agente del mostrador. Al fin y al cabo, también estaba teniendo un duro comienzo de día, al tener que lidiar con pasajeros enfadados. Entonces, pasé un domingo estupendo en Washington D. C., caminando por el centro comercial y explorando los monumentos.

Durante todo el día estuve buscando el motivo de mi retraso, entablando conversaciones con desconocidos con la esperanza de que me dieran una pista. Nada.

Esa noche, cuando abordé el avión en Dulles, me enteré de que me subieron de clase (algo agradable que debió de hacer la agente del mostrador, pues fui amable con ella). Me dejé caer en mi cómodo asiento y conocí al hombre que se sentaba a mi lado. Estaba muy cansado de recorrer el centro comercial, pero cuando me dijo que tenía un doctorado en estudios de género y trabajaba para una empresa farmacéutica, tuve que entrar en el juego.

—¡Debes ser cristiano! —le dije.

—¡¿Por qué dices eso?! —gruñó.

Te contaré más cosas sobre su empleo. Trabajaba en una rama sin fines de lucro de la empresa que suministraba una vacuna para una enfermedad de transmisión sexual en los países en desarrollo. En el país del que volvía había una epidemia de sida y muchos hombres creían que podían librarse del sida manteniendo relaciones sexuales con una virgen. ¡Qué horror! En el proceso, no solo se propagaba el sida, sino también la enfermedad que su vacuna podía prevenir.

—Estás ayudando a salvar la vida de mujeres aterrorizadas, minimizando el daño causado, y ayudando a educar a la población para que estos crímenes sexuales no continúen

—le respondí—. Eso parece algo a lo que solo un cristiano dedicaría su vida.

Él no estaba de acuerdo. Los cristianos en estos países habían trabajado en su contra, creyendo que, si vacunaba a estas mujeres, se fomentaría la promiscuidad. Sin embargo, quería saber cómo aplicaría yo la Biblia a su ocupación. Así que comencé en Génesis y pude explicar que, si bien es cierto que las enseñanzas cristianas se han utilizado como excusa a lo largo de la historia para oprimir a las mujeres, Jesús estaba radicalmente a favor del empoderamiento y el trato igualitario de las mujeres. Además, la Biblia se toma muy en serio la violencia sexual y tiene palabras muy duras para cualquiera que se aproveche de una víctima. Mi nuevo amigo se quedó asombrado.

—De niño, mi madre me llevaba a la iglesia, pero nunca escuché a nadie hablar de la Biblia como lo acabas de hacer.

Nuestra conversación continuó. En mi mente, luchaba con la pregunta, *¿Le presento el plan de salvación?* Lo dije al analizar las Escrituras, pero no lo invité a confiar en la muerte y resurrección de Jesús para su propia salvación. Tenía esa sensación de muchos cuando hablamos de nuestra fe.

—¿Sabes, Mark? Cuando me dijiste que eras ministro, pensé que este vuelo no iba a ser otra cosa que tu intento por convertirme. A pesar de lo fascinante que ha sido esta conversación, me alegro de que no fueras por ahí —me dijo entonces.

—Me alegro mucho de que me lo digas, pues comencé este día en el Aeropuerto Nacional Ronald Reagan a las cinco de la mañana con un billete de clase turista, y le pedí a Dios que me mostrara la razón de mi retraso. Y estuve todo el día vagando en busca de la respuesta. Luego subí al avión y me enteré de que me habían subido de clase, y me senté a tu lado, y pensé que este hombre tenía que ser la razón por la que mi día se interrumpió. He estado luchando con la decisión de hablar contigo o no sobre tu salvación, pero ahora me sacaste del apuro. Hice bien en no hacerlo.

Me miró, vertió un poco de güisqui Jack Daniel de su botellita de avión en nuestros refrescos de jengibre y preguntó:
—Bueno... si hubieras intentado de convertirme... ¿qué habrías dicho?

Lo que la gente espiritualmente abierta quiere de las conversaciones espirituales

Lo que dije sobre sobre las indicaciones para el descubrimiento espiritual coincide con la investigación. Las personas sin fe tienen ideas claras sobre los tipos de cristianos de los que les interesaría aprender. En primer lugar, dicen que esperan interactuar con cristianos que escuchen sin juzgar. Describen a gente sincera sobre sus dudas, se resiste a sacar conclusiones forzadas y se preocupa por sus interlocutores como personas.

Piensa en estas cualidades a la luz de la última historia que narré:

- **Escucha sin juzgar.**

    Cuando mi compañero de asiento habló de su profesión, no lo juzgué. Más bien lo admiré y lo relacioné con una virtud de la fe cristiana. No necesitaba juzgarlo. Mi objetivo era presentarle al Juez, a través de Jesús, quien ya pagó la multa con su sangre. Tenía buenas noticias para darle.

- **No fuerza una conclusión.**

    Me debatía entre lo siguiente. ¿Cómo debía «aterrizar el avión», por así decirlo? Sin embargo, mi objetivo no era transaccional. Reconocí que yo solo era un encuentro en el viaje espiritual de este hombre, y Dios será fiel en continuar lo que Él comenzó. Como cristianos, debemos recordar que debemos confiar en el proceso y no comportarnos como si todo dependiera de nosotros.

Sin juzgar: La clave para las conversaciones sobre la fe

Imagina a un cristiano del que te interesaría aprender. ¿Cuál de las siguientes características utilizarías para describirlo? Selecciona todas las que correspondan.

Base: Los que no tienen fe

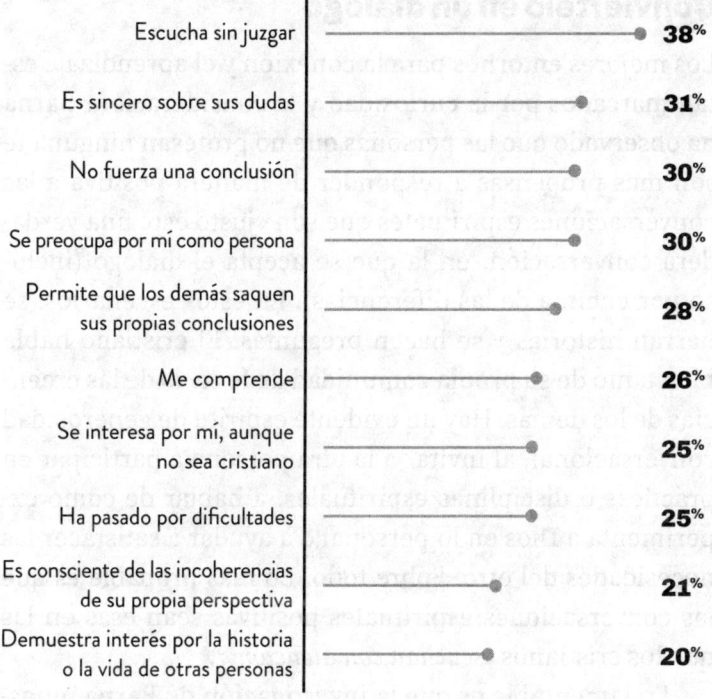

n=412 adolescentes y adultos estadounidenses sin fe, 13-22 de diciembre de 2022. Solo se muestran las 10 respuestas principales. Fuente: Barna Group

- **Permite que los demás saquen sus propias conclusiones.**

    Al final, dejé que mi vecino sacara sus propias conclusiones. Me invitó a que le presentara el evangelio. Es cierto que esto no sucede a menudo (cuento esta misma historia con frecuencia por una razón), pero requiere tener confianza en la obra del Espíritu Santo y en la verdad del evangelio para que actúe a su debido tiempo.

Estas conclusiones también son coherentes con el estudio *La resurrección del evangelismo* que hicimos con Alpha en 2019.

Conviértelo en un diálogo

Los mejores entornos para la conexión y el aprendizaje están marcados por la curiosidad y la consideración. Barna ha observado que las personas que no profesan ninguna fe son más propensas a responder de manera positiva a las conversaciones espirituales que son «justo eso: una verdadera conversación, en la que se acepta el diálogo (incluso por encima de las diferencias). En estos escenarios, se narran historias *y* se hacen preguntas. El cristiano habla bien tanto de su propia comunidad de fe *como* de las creencias de los demás. Hay un evidente espíritu de generosidad conversacional, al invitar a la otra persona a participar en prácticas o disciplinas espirituales, a hablar de cómo experimenta a Dios en lo personal o a ayudar a satisfacer las necesidades del otro. Sobre todo, Lo más probable es que las conversaciones espirituales positivas sean esas en las que los cristianos *escuchan con atención*»[5].

Lo lamentable es que la investigación de Barna muestra que pocos encuestados describen a los cristianos que conocen o las conversaciones de fe que mantienen como poseedores de estas cualidades. Es más, los propios cristianos practicantes dudan en identificarse personalmente con estas características[6]. Nos queda trabajo por hacer.

Sin embargo, las iglesias pueden ayudar a crear y fomentar espacios libres de juicios donde puedan tener lugar conversaciones espirituales sinceras. A continuación, se ofrecen algunas ideas para líderes de iglesias que pueden ayudarte a definir y desarrollar esos entornos para tu propio contexto:

- **Enséñale a tu congregación que Jesús era un gran conversador.**

  Durante un sermón, puedes destacar cómo Jesús escuchaba a otros y se relacionaba con los demás de manera amorosa y sin juzgarlos. Puedes también contar una historia de tu propia vida sobre cómo interactuaste bien con alguien o te escucharon de manera que te hizo sentir comprendido. Las enseñanzas también pueden abordar formas específicas y pasos para escuchar bien. Por ejemplo, puedes hablar de lo que es escuchar de forma activa, y cómo la congregación puede practicar estas habilidades.

- **Anima a todos a considerar el santuario un lugar seguro**

  Las dinámicas culturales complicadas e incluso los traumas pueden acompañar a las personas en un santuario, un grupo pequeño o una conversación. Un espacio seguro para la conversación también debe ser un espacio que tenga un conocimiento fundamentado del bienestar mental, emocional y relacional y que sea sensible a las posibles diferencias entre razas, etnias, religiones, culturas, géneros y generaciones.

- **Haz preguntas interesantes.**

  Integra buenas preguntas y charlas para romper el hielo en la cultura de tu iglesia. En la actualidad existen muchos «juegos de cartas de conversación» o aplicaciones que se han desarrollado para ayudar en específico a las personas a profundizar y establecer relaciones. ¿Podrían aparecer ideas y reflexiones similares (incluso en tarjetas o materiales físicos) en los servicios, medios y programas de tu iglesia?

- **Capacita al personal en técnicas de conversación.**

  Capacita a los encargados de dar la bienvenida, a los líderes de grupos pequeños y a otras personas que estén en primera línea de las conversaciones espirituales en tu iglesia en técnicas saludables de conversación y facilitación. ¿Tienen lo que necesitan para estar completamente presentes, mantener el contacto visual, ofrecer señales verbales y no verbales como oyentes o incluir a personas que podrían tener dificultades para conectarse o hablar?

- **Anima a la congregación a desarrollar sus propias historias.**

    ¿Saben los cristianos de tu iglesia narrar bien su propia historia? Quizá una clase acerca de cómo contar o escribir en tu iglesia podría centrarse en ayudar a las personas a descubrir y comunicar su propia historia de fe o experiencias personales de Dios de una manera conversacional y atractiva.

Sé que muchos que leen esto tienen alguna experiencia en hacer preguntas espirituales. Sin embargo, para los que tienen dificultades, espero que lo intenten. Hay que salir de la propia zona de comodidad, estar dispuestos a nuevas experiencias y tener el valor de iniciar una conversación con un desconocido. ¡Nada de esto es fácil! No obstante, es posible mantener conversaciones espirituales significativas con la gente planteando preguntas de descubrimiento espiritual. Estas preguntas nos permiten tener en cuenta el viaje espiritual pasado o actual de la persona, y le ofrecen un espacio para contar sus ideas acerca de la vida después de la muerte sin sentirse presionada por nosotros.

Si nos tomamos el tiempo necesario para escuchar con atención y responder con un intercambio basado en el permiso, podemos ayudar a nuestros amigos a avanzar en su camino personal hacia la fe, así como a acercarnos unos a otros en nuestra comprensión mutua. Digo «basado en el permiso», pues conversar requiere consentimiento. No solo queremos imponer nuestras opiniones a los demás. Por el contrario, queremos dialogar con ellos de manera respetuosa. Con paciencia y discernimiento en oración, estas conversaciones pueden darnos oportunidades para una mayor exploración del amor y la gracia de Dios que bendecirá a ambas partes involucradas.

CAPÍTULO 7

La búsqueda de algo más

Hace poco más de veinte años, cuando la franquicia de Harry Potter estaba en su apogeo, comisioné un proyecto con Barna acerca de «los adolescentes y lo sobrenatural», mi segundo proyecto más grande con David Kinnaman como investigador principal. Sentíamos curiosidad por saber lo que creían los adolescentes acerca de lo sobrenatural, con qué habían experimentado y lo que pensaban que la Biblia enseña sobre estas cosas.

Aunque un número significativo de jovencitos vieron una de las películas o leyeron uno de los libros, pocos informaron que escucharon a su pastor enseñar acerca del reino sobrenatural. Esto fue sorprendente, puesto que en esos momentos a muchos de los cristianos les preocupaba que Harry Potter introduciría la hechicería en la población estadounidense. Esta preocupación resultó no tener fundamento. Veinte años después, nuestra investigación revela que Harry Potter causó poco impacto en la identidad espiritual de la población general, y solo el 12 % informó acerca de la lectura de algún libro sobre la wicca o la hechicería, y solo el 6 % trató de hacer un encantamiento o preparar una poción.

Adivinos, fantasmas y otros misterios

Aunque reconocer que las personas tienen una curiosidad inherente, me pregunté acerca del alcance de su exploración espiritual. Así que, como parte de la investigación para este libro, les preguntamos a los individuos acerca de sus experiencias con lo sobrenatural y si estarían dispuestos a explorarlo más a fondo si un amigo los invitara.

De las prácticas sobre las que preguntamos, la actividad sobrenatural más experimentada entre los curiosos espirituales fue la lectura del horóscopo, seguido de lejos por la consulta a un adivino o un quiromántico. Solo uno de cada cinco curiosos espirituales experimentó la lectura de un libro sobre brujería y el uso de cristales. (Como nota al margen, los curiosos escépticos tenían menos probabilidades que todos los adultos estadounidenses de haber explorado la mitad de las prácticas de las que preguntamos. No tenían una probabilidad significativamente mayor que los curiosos espirituales de haber participado en alguna, con la excepción de una).

Ahora bien, el hecho de que los curiosos espirituales probaran estas cosas no significa que tuvieran fe en su eficacia. Recuerda que a los curiosos espirituales los impulsa la curiosidad innata que los lleva a buscar nuevas ideas y experiencias que puedan ayudarles a comprender mejor a nuestro extraño universo. Aunque no se ha informado de un gran número de casos, los curiosos espirituales son más propensos que otros grupos a experimentar con otros fenómenos de tipo ocultista (como visitar a un médium, intentar hacer un conjuro o participar en una sesión de espiritismo), lo que demuestra su apertura a la exploración, incluso si no es algo generalizado.

Horóscopos y adivinación: algo común para quienes sienten curiosidad espiritual

¿Alguna vez has realizado alguna de las siguientes acciones? Selecciona todas las opciones que correspondan.

	Todos los adultos de EE. UU.	Cristianos practicantes	Curiosos espirituales	Curiosos escépticos
Leíste o consultaste tu horóscopo	51%	36%	55%	54%
Usaste una tabla ouija	20%	13%	18%	26%
Fuiste testigo de un milagro	16%	26%	25%	9%
Te leyeron la suerte	16%	14%	29%	14%
Te leyeron la palma de la mano	16%	11%	27%	16%
Leíste un libro sobre brujería o wicca	12%	6%	20%	12%
Usaste cristales por sus propiedades curativas	10%	5%	22%	15%
Realizaste un juego que incluía brujería o elementos psíquicos	9%	6%	12%	13%
Llamaste o fuiste a ver a un psíquico	9%	6%	15%	8%
Usaste sustancias que alteran la mente para tener una experiencia espiritual o sobrenatural	8%	6%	15%	12%
Visitaste a un médium o a algún otro guía espiritual (no incluye a un pastor, sacerdote o rabino)	8%	5%	14%	5%
Intentaste lanzar un hechizo o preparar una poción mágica	6%	3%	12%	5%
Participaste en una sesión de espiritismo	5%	2%	11%	5%
Estuviste físicamente presente cuando alguien usó poderes psíquicos	5%	2%	11%	4%
Estuviste físicamente presente cuando alguien realizó un acto sobrenatural	4%	4%	9%	4%
Ninguna de las anteriores	27%	32%	17%	28%

n=1 501 adultos de EE. UU., 19-23 de febrero de 2023. Fuente: Barna Group

Aunque no animo a nadie a experimentar con estas prácticas, es útil tener un poco de conocimiento y conciencia que nos permita una interacción razonable. El tarot, una forma popular de adivinación, es un sistema antiguo que tenemos desde el siglo XV. El horóscopo es una forma de astrología que procura predecir el futuro de una persona con la alineación de las estrellas y los planetas. El yoga es una práctica espiritual antigua que viene de la India y combina posturas físicas, técnicas de respiración y meditación, a fin de cultivar una conexión más profunda con nuestro yo espiritual. Aunque hoy en día la mayoría de las prácticas de yoga se realizan más por sus beneficios físicos que por cualquier tipo de conexión sobrenatural, es importante señalar sus vínculos para quienes exploran niveles más profundos de la espiritualidad humana. Es probable que muchos de los que practican el yoga sean conscientes de sus raíces espirituales, incluso si no ven el yoga como una práctica explícitamente espiritual en sí misma. Más adelante hablaré más sobre prácticas de atención plena como el yoga.

Por supuesto, no todos los curiosos espirituales experimentan con quirománticos o adivinos. Nuestra investigación nos dice que la gente también se conecta con Dios pasando tiempo en la naturaleza y escribiendo sus pensamientos (consulta la encuesta «Abiertos en lo espiritual» en la página 228). Estas prácticas no son tan «exóticas» como algunas de las otras que describimos en este capítulo, pero vienen de un deseo similar de ganar acceso a algo más profundo.

Los curiosos espirituales a menudo se sienten atraídos a la exploración y a la práctica de experiencias espirituales como leer el horóscopo debido al potencial conocimiento que estas cosas puedan proveerles a su vida y al mundo que los rodea. Quizá piensen en estas prácticas más como investigación espiritual que como disciplina religiosa. Aunque no todo el mundo cree en cosas como el tarot, el horóscopo o la quiromancia, los procuran entender mejor el misterioso reino de lo sobrenatural y su conexión con él.

¿Dónde comenzó todo esto?

La adivinación aparece en la Biblia. Sin embargo, la difusión de estas prácticas en Estados Unidos nos da una idea interesante acerca del actual panorama cultural.

El auge del espiritismo en Estados Unidos comenzó en torno a la época de la Guerra Civil y ha tenido una influencia duradera en la cultura estadounidense. Durante el período de la Guerra Civil, los estadounidenses buscaban respuestas a la tragedia y a la destrucción causadas por la guerra. Muchos recurrieron al espiritismo como una forma de darle sentido a su dolor y de aceptar la muerte. Los espiritistas creían que era posible comunicarse con los muertos, como un medio para brindar consuelo y solaz durante estos tiempos difíciles. Esta práctica de intentar comunicarse con los muertos se aceptó con rapidez, y el creciente interés por el espiritismo empezó a tener un impacto generalizado en la nación.

Muchos adoptaron las ideas y prácticas asociadas con el espiritismo en su vida diaria, a menudo mezclando sus prácticas con creencias y disciplinas cristianas más tradicionales. Ni siquiera el presidente Abraham Lincoln fue ajeno al espiritismo. Lincoln era un hombre curioso y, durante su estancia en la Casa Blanca, celebraba sesiones espiritistas con su esposa, Mary Todd, en un intento de ponerse en contacto con su hijo fallecido, Willie. Incluso invitaban a otras personas a asistir a estas sesiones espiritistas y no parecía haber ningún esfuerzo por ocultar su existencia ni preocupación alguna de que su celebración pudiera dar lugar a un escándalo político. Sin duda, hasta quienes ocupaban puestos de poder e influencia tenían un interés profundo y público en el espiritismo durante esta época.

Parte del motivo para esto quizá fuera la alta prevalencia de la muerte durante esa época. No era común que una familia perdiera la mitad de los hijos nacidos durante ese tiempo. La mortalidad infantil era increíblemente alta, y la sala del frente, o la antesala de una casa, era el lugar donde se ponía el ataúd de un ser querido, a fin de esperar el entierro. A diferencia de hoy, la muerte no estaba escondida de la vida diaria. Era más fácil aceptar la idea de que la muerte no estaba muy lejos de los vivos como pensamos hoy.

El origen de la ouija [güija] se remonta a la época que vino justo después de la Guerra Civil. Se creó a finales de la década de 1880 por Charles Kennard, que también era fabricante de ataúdes. Las ouijas se llamaban originalmente «tablas parlantes». Utilizan *planchettes* («planchitas») para deletrear palabras y responder preguntas en un tablero con el alfabeto. Los jugadores ponen las manos sobre la tabla de escritura espiritista en un intento de comunicarse con los espíritus del más allá. Para quienes estaban abiertos a los fenómenos espirituales, la ouija ofrecía un cómodo acceso para explorar el otro mundo. El tablero se hizo tan popular que recibió una patente en 1890 y en un año, en la década de 1960, vendió más que el Monopolio como juego popular. La patente de la ouija no explica cómo funciona, solo que lo hace, y aunque la gente sigue afirmando que funciona, los científicos han dado razones por las que creen que lo hace por medios perfectamente naturales[1].

Como se evidencia en parte en estos relatos históricos y en la historia de Lincoln, el espiritismo también se ha considerado una forma de entretenimiento, como contratar a un pianista para un evento. A mediados y finales del siglo XIX, no era extraño que un médium dirigiera una sesión espiritista durante una cena. A menudo, estas sesiones se consideraban el momento culminante de la velada, especialmente entre los círculos de la alta sociedad, donde la gente estaba ansiosa por escuchar lo que sus seres queridos fallecidos tenían que decir sobre la otra vida. Para el número del 1 de mayo de 1920 del periódico *Saturday Evening Post*, Norman Rockwell pintó una portada en la que aparecía una pareja utilizando un tablero de ouija. No fue hasta 1973, con el estreno de *El exorcista*, que la ouija se convirtió en el medio tabú del diablo con el que se suele considerar hoy en día[2].

Los curiosos espirituales de hoy son un poco diferentes a los del pasado, y continúan explorando y tratando de comprender el mundo sobrenatural a su alrededor en un esfuerzo de encontrarle significado. Incluso en la actualidad, el espiritismo continúa siendo parte de la vida estadounidense, mezclando con frecuencia las creencias cristianas con estas prácticas. Los datos lo demuestran a través del número de personas que se sienten cómodas explorando ideas esotéricas y al mismo tiempo manteniendo puntos de vista cristianos, y viceversa.

No obstante, muchas de las prácticas espirituales esotéricas popularizadas por los curiosos espirituales se consideran tabú o heréticas en los círculos cristianos ortodoxos. El uso de tablas de ouija, cartas del tarot, horóscopos y otras formas de adivinación se consideran peligrosos o blasfemos en gran medida. Un curioso espiritual que se sincera con un cristiano sobre la lectura del horóscopo o el uso de la ouija puede recibirse con terror, pánico o incluso ira. Puede sentirse juzgado por su curiosidad y decidir que la iglesia cristiana no es un lugar seguro para él.

Sin embargo, a pesar de esta desaprobación, muchas personas de la fe cristiana exploran estas prácticas espirituales y creen que pueden encontrar respuestas sobre un futuro desconocido y la vida después de la muerte. En lugar de sentir repulsión, condescendencia o, lo que es peor, miedo por estas cosas, ¿qué pasaría si las viéramos como indicadores de la búsqueda de sentido del mundo por parte de una persona? ¿Una actividad que, aunque equivocada, podría ser prueba de un alma que busca desesperadamente una conexión con el Dios del universo que sabemos que solo puede satisfacerse a través de Jesucristo? ¿Y si, en lugar de juzgar o condenar a una persona que habla de usar las cartas del tarot, le dijéramos: «Yo también creo en el reino sobrenatural y en nuestra capacidad como seres humanos para conectar con él. ¿Puedo hablarte de algunas prácticas espirituales que me han ayudado»? Consideremos los siguientes ejemplos.

Los antiguos exploraban

El sermón del apóstol Pablo en el Areópago es un ejemplo notable de la disposición de los pueblos antiguos a explorar asuntos espirituales. Instó a los miembros del concilio a buscar una comprensión más profunda de Dios y les habló sobre su creencia en la vida eterna después de la muerte. Pablo sabía que su audiencia tenía creencias muy diferentes a las suyas sobre el mundo espiritual, pero también sabía que tenían algo en común: la creencia en un reino espiritual y el anhelo de saber más sobre él. Así que empezó por ahí.

Podemos aprender de Pablo si antes apreciamos la curiosidad espiritual de los demás cuando la conocemos. En lugar de reaccionar de forma negativa o con disgusto, podemos utilizar ese conocimiento como un punto de partida para una conversación espiritual más profunda.

En cierta ocasión, un conocido sacó un tablero ouija en una fiesta a la que asistía. Debido a que me conocen como ministro cristiano en mi comunidad, la gente estaba intrigada por ver mi respuesta. Lo que me resultó fascinante, como observador de la búsqueda espiritual humana, fue la variedad de reacciones en la fiesta. Algunos se preocuparon de inmediato, incluso se asustaron. Otros estaban entusiasmados. Y otros se sintieron incómodos porque sabían que yo estaba en la sala y no estaban seguros de cómo reaccionar frente a mí. Ese fue un momento de Areópago para mí. ¿Cuántas veces estás en una fiesta en la que hay gente de todas las creencias y el anfitrión abre el debate a temas espirituales?

Debemos estar preparados para este tipo de encuentros. Además, debemos ser tan activos en nuestra comunidad que nos encontremos en estos lugares también. Y debemos asegurarnos de llevar una vida sin prejuicios, a fin de que la gente se sienta libre de aprovechar estas oportunidades, confiando en que no reaccionaremos mal. Si no estamos preparados para estas cosas, ¿cómo escucharán otros acerca de Jesús?

Como mencioné antes, resulta que *hay* algo en el movimiento creado por la tabla ouija, y tiene poco que ver con los espíritus de los difuntos. Más bien, la ciencia está en nuestras mentes: algo que se describe como funciones ideomotoras. Es un poco difícil de explicar en un libro, pero si alguna vez te encuentras conmigo, pídeme que te haga una demostración. He asustado a más de uno mostrando este fenómeno.

Los oráculos explicados

Mientras que la tabla ouija se supone que nos pone en contacto con el espíritu de un muerto, o quizá con un espíritu maligno, las cartas del tarot y otros sistemas de adivinación son oráculos. Un oráculo es alguien o algo que la gente usa para recibir consejo y ayudarlos a tomar decisiones. Por ejemplo, en tiempos antiguos, iban al oráculo de Delfos para recibir respuesta. También pensaban que estos oráculos les podían decir lo que sucedería en el futuro. Los reyes y gobernantes usaban oráculos para tomar decisiones importantes por su país, a menudo ir a la guerra o evitarla, según la respuesta que recibían.

A menudo me sorprende la prevalencia del tarot en la vida de las personas. Abundan las librerías y plataformas como Kickstarter con diferentes diseños y estilos que muestran el papel que representa el tarot como oráculo moderno. Hay barajas de tarot novedosas, donde la gente puede comprar cartas con temas de *El Señor de los Anillos* o *Star Trek*. A veces a la gente solo les gusta el diseño. Otras veces, confían por completo en sus poderes. En ocasiones, es un poco de los dos. Aunque las cartas del tarot no se consideran proféticas como en los tiempos de las culturas que nos precedieron, a menudo se cree que el uso de las cartas del tarot le dan claridad a una persona para continuar en tiempos cuando se siente atrapada, insegura o perdida.

El encuentro de Saúl con la adivina de Endor es una historia interesante acerca de este tema, y la encontramos en el Antiguo Testamento. En esta historia, Saúl, el primer rey de Israel, cae en desgracia con Dios. Desesperado, acude a una adivina en busca de información sobre su futuro.

El profeta Samuel había muerto algún tiempo antes de que Saúl buscara la guía de una médium. A pesar de esto, Saúl creía que de alguna manera podía comunicarse con Samuel a través de la médium. La adivina de Endor pudo conjurar un espíritu en la forma de Samuel y proporcionarle información a Saúl desde el más allá. Aunque los eruditos bíblicos debaten si Samuel apareció de veras o si fue un engaño creado por la médium, la historia muestra lo profundamente arraigado que está el espiritismo en la historia de la humanidad y lo desesperada que puede llegar a estar la gente en su búsqueda por saber más.

Esta sección de la Escritura es uno de los registros más antiguos que tenemos de alguien que de manera específica busca ayuda de fuentes fuera de la estructura religiosa tradicional. Sería exagerado pensar que Saúl era un «curioso espiritual», pero estaba haciendo algo que hacen los curiosos espirituales: experimentar con diferentes prácticas fuera de la norma en un momento de necesidad. Del mismo modo, también suelen buscar consejo más allá del mundo físico. Si bien nosotros, como cristianos, tenemos buenas razones para rechazar estos medios, podemos verlos como indicadores potenciales de que los curiosos espirituales buscan respuestas a sus preguntas. Y podemos tener voz en su búsqueda, si estamos bien arraigados en nuestras convicciones y un interés genuino en su viaje, sus esperanzas, sueños, temores y preguntas.

La búsqueda de significado

Aunque gran parte de los estadounidenses cree en un reino sobrenatural, la mayoría nos dice no haber experimentado algo que se pueda explicar solo por razones sobrenaturales o espirituales. Si analizamos por segmentos, vemos que los naturalistas y los escépticos curiosos tienen muchas menos probabilidades de haber tenido una experiencia espiritual que los curiosos espirituales y los cristianos practicantes.

Esto me hace pensar en el éxito que ha tenido el curso Alpha a la hora de captar grupos. Nació en el Reino Unido, uno de los países occidentales más poscristianos del mundo actual. Es un poco difícil describir lo que es Alpha. El curso Alpha es un programa transformador que les ofrece a las personas la oportunidad de explorar los fundamentos del cristianismo de una manera estimulante y atractiva,

Más de la mitad de los curiosos espirituales han tenido una experiencia sobrenatural

¿Alguna vez has experimentado personalmente algo que solo pudiera explicarse por razones sobrenaturales o espirituales?

	Todos los adultos de EE. UU.	Cristianos practicantes	Curiosos espirituales	Curiosos escépticos	Naturalistas
Sí	39%	47%	63%	29%	16%
No	61%	53%	37%	71%	84%

n=1 501 adultos de EE. UU., 19-23 de febrero de 2023. Fuente: Barna Group

proporcionando una espacio para que los participantes hagan preguntas, profundicen en análisis significativos y desarrollen una comprensión más profunda de su camino de fe. En sí, no es un estudio bíblico. En su lugar, se trata del cristianismo y de confiar en Jesús. El curso se lleva a cabo en forma de cenas y debates semanales a lo largo de once semanas. El programa concluye con un retiro de fin de semana en el que los participantes tienen tiempo para reflexionar sobre el curso y se les anima a dejar hablar a Dios. Los testimonios de lo que la gente encuentra y experimenta en ese último encuentro juntos son asombrosos.

Aunque no necesitamos una razón intelectual ni una intervención milagrosa para tener una fe viva en Dios, una experiencia como esta es lo que busca la gente con exactitud. Las personas que experimentan de forma activa con su espiritualidad son justo a las que necesitamos presentarles a Jesús.

Démosle un vistazo a lo que reveló nuestra investigación sobre las creencias de los estadounidenses acerca de lo que sucede después de la muerte, a fin de que podamos apreciar mejor su búsqueda de significado en tiempos de incertidumbre. Dada la amplia variedad de creencias de la gente, resumimos las respuestas más frecuentes y les pedimos a los encuestados que respondieran lo que más se acercara a sus creencias.

He mencionado varias veces que nuestra investigación muestra que las personas son complicadas en lo que respecta a su espiritualidad, y los datos del gráfico de la página 67 lo confirman. Pensemos en el cristiano practicante que cree en la reencarnación o en el naturalista (definido por el hecho de que cree que el mundo natural es todo lo que existe) que cree que Dios juzga las decisiones que tomamos en la Tierra. Las creencias espirituales de las personas no se pueden clasificar con facilidad en cajas y etiquetas tradicionales. Muchas personas tienen razones matizadas y reflexionadas en profundidad, a fin de creer en dos cosas que, a primera vista, parecen contradictorias. No siempre tiene sentido, pero de nuevo esto nos da la seguridad de que es importante involucrar a los curiosos espirituales. En realidad, solo hablando de verdad con la gente, los porcentajes adquieren dimensión humana.

Lo significativo es que casi la mitad de la población estadounidense y el 39 % de los curiosos espirituales creen que las personas son responsables, en un sentido cósmico, de cómo viven en la Tierra. En resumen, alrededor de una de cada dos personas en Estados Unidos cree que se avecina algún tipo de ajuste de cuentas divino. Ese es el terreno para que la semilla del evangelio germine y dé fruto.

La mitad de los curiosos espirituales tienen una visión tradicional de Dios

Hay muchas creencias diferentes sobre Dios o un poder superior. Elije cuál de las siguientes descripciones se acerca más a lo que, en lo personal, crees sobre Dios.

	Todos los adultos de EE. UU.	Cristianos practicantes	Curiosos espirituales	Curiosos escépticos	Naturalistas
Dios es el todopoderoso, omnisciente y perfecto Creador del universo que gobierna el mundo actual	49%	87%	50%	32%	5%
Dios representa un estado de conciencia superior que una persona puede alcanzar	15%	5%	13%	18%	14%
Dios no existe	12%	–	3%	19%	65%
Dios se refiere a la realización total del potencial personal y humano	10%	2%	7%	15%	7%
Todo el mundo es Dios	7%	5%	14%	6%	5%

También analizamos la cuestión de la vida después de la muerte de otra manera, preguntándoles a las personas lo que creían que les sucederá en lo personal después de morir. El 42 % de la población total no está segura de lo que le ocurrirá cuando muera, incluido el 38 % de los curiosos espirituales (consulta el gráfico de la p. 129).

Si bien puede resultarte preocupante ver que solo el 59 % de los cristianos practicantes creen que irán al cielo mediante la confesión de sus pecados y la aceptación de Cristo, debemos recordar que todos los cristianos que se encuentran en esta categoría han profesado estas cosas. Se trata de cristianos que dicen haber confesado sus pecados a Dios y haber confiado en Jesús para su salvación. Sin embargo, en esta pregunta, no creen que esos son los criterios que los llevan al cielo. Basándonos en esto, tenemos muchos cristianos en nuestras iglesias que asisten con regularidad, leen su Biblia y oran, y todavía siguen siendo escépticos con respecto a las enseñanzas cristianas ortodoxas, les cuesta comprenderlas o tal vez no se las han explicado en su totalidad.

¿Cómo estos grupos ven a Dios?

Solo los naturalistas son propensos a ser verdaderos ateos, mientras que alrededor de la mitad de la población adulta estadounidense se adhiere a la visión judeocristiana tradicional de Dios. En una era de espiritualidad abierta, es crucial aclarar nuestra definición de «Dios», y también lo que quieren decir con esa palabra las personas a quienes nos dirigimos.

Los curiosos se contentan sin respuestas

Entre las siguientes, ¿cuál dirías que describe mejor tus creencias espirituales en la actualidad?

	Todos los adultos de EE. UU.	Cristianos practicantes	Curiosos espirituales	Curiosos escépticos	Naturalistas
Me siento cómodo y seguro de mis creencias	36%	50%	38%	30%	23%
Me siento satisfecho de no tener todas las respuestas	33%	17%	26%	40%	46%
Me siento obligado a profundizar y aprender más sobre lo que creo	21%	30%	30%	17%	11%
Me siento inseguro de en quién confiar o en qué creer	10%	4%	6%	14%	20%

n=1 501 adultos de EE. UU., 19-23 de febrero de 2023. Fuente: Barna Group

Los curiosos espirituales suelen estar dispuestos a conversar y aprender sobre las distintas creencias acerca de Dios. Una forma convincente de captar su atención es preguntarles cómo llegaron a sus creencias actuales sobre Dios. Muchas de estas personas se han formado opiniones sobre Dios de manera un tanto inconsciente. A menudo, la pregunta les ayuda a darse cuenta de lo vago que es, en realidad, lo que suponen que saben. En conversaciones, descubro que los curiosos espirituales suelen sentirse intrigados por la idea de un Dios con el que podamos identificarnos. Mientras que algunas personas son firmes en sus creencias, hay otras que tienen menos confianza en lo que creen en un momento dado. Así que también les preguntamos sobre esto.

Los escépticos curiosos parecen aceptar en general su ambigüedad, lo que favorece su postura de ser curiosos y escépticos a la vez. Sin embargo, todos podemos ver que hay una humildad intelectual entre muchos de los perfiles, que de seguro implica una disposición para aprender más. Esto también es cierto entre numerosos cristianos practicantes, muchos de los cuales expresan confianza y certeza en lo que creen, mientras que el 30 % desea aprender más sobre sus creencias. En general, vemos que muchas personas están abiertas a la idea de que hay más que aprender acerca de sus creencias espirituales.

Atención plena

En los últimos años hemos presenciado un aumento de la ciencia de la espiritualidad. Tanto los expertos en espiritualidad cristiana como los buscadores seculares de la verdad espiritual han obtenido muchos conocimientos del trabajo realizado en el campo de la neurociencia. Esto nos está ayudando a comprender mejor la idea del bienestar holístico, o «atención plena», desde una perspectiva neurológica.

Para los cristianos, esto no debería ser sorprendente. La ciencia es uno de los recursos que Dios nos dio para comprender mejor tanto el mundo que nos rodea como a nosotros mismos. Es lógico pensar que este recurso es eficaz. Después de todo, si Dios creó el *hardware*, también nos da el *software* para sacar el máximo partido de la vida. Este *software* es lo que podríamos llamar «de código abierto»: cualquier persona lo puede utilizar, independientemente de si adora o no a Aquel que lo diseñó. Por ejemplo, un

El curioso acepta la meditación y la atención plena

¿Y tú...? Selecciona todas las opciones que correspondan.

	Todos los adultos de EE. UU.	Cristianos practicantes	Curiosos espirituales	Curiosos escépticos	Naturalistas
Meditar	31%	37%	47%	34%	11%
Practicar la atención plena	24%	22%	35%	25%	13%
Tomar suplementos herbales	22%	22%	34%	22%	18%
Practicar yoga	17%	13%	32%	19%	11%
Usar psicodélicos	6%	2%	17%	10%	7%
Practicar la homeopatía	6%	5%	14%	7%	5%
Intenta mejorar la experiencia sexual mediante prácticas como el sexo tántrico o el kāma-sūtra	5%	4%	10%	7%	1%

n=1 501 adultos de EE. UU., 19-23 de febrero de 2023. Fuente: Barna Group

amigo mío que se autodenomina «neopagano» describe sus prácticas espirituales como libres de deidad, pirateando la realidad bioespiritual que existe en cada uno de nosotros.

Y podemos encontrar versiones de algunas disciplinas cristianas en las prácticas comunes de bienestar. La música de adoración en tu iglesia no es muy diferente a la práctica oriental de meditación yoga con sus cánticos litúrgicos, la repetición y la respiración controlada que crea experiencias eufóricas. Esto ha sido de gran ayuda para muchos que lidian con cosas como el estrés y la ansiedad. Sin embargo, ¿esa es, en realidad, la experiencia de Dios?

En Eclesiastés, el autor *Qohéleth*, busca significado debajo del sol (aquí en la tierra, aparte de Dios) y encuentra muchas experiencias satisfactorias. Sin embargo, al final concluye que todo es vanidad de vanidades, un vapor, una persecución sin sentido del viento. Que algo «funcionara» no significaba que le proporcionara sentido o propósito.

Nuestra comprensión moderna de nuestros fantásticos cuerpos y mentes puede, en efecto, llevarnos a crear trucos espirituales a los que *Qohéleth* no tuvo acceso, pero su informe sería el mismo hoy que en el momento en que reunió los datos en Eclesiastés. Muchas disciplinas de bienestar pueden tener usos prácticos para nuestros cuerpos y nuestras mentes. En cambio, conocer a Dios y conectarnos con Él, que es mayor que todo lo que está debajo del sol, es único más allá de lo creado materialmente.

¿Cómo experimentamos de forma tangible esta relación con Dios? ¿Cómo ayudamos a otros a experimentar esto?

El gráfico de la página 161 muestra algunas prácticas actuales de lo que llamaremos «el movimiento del bienestar»: la búsqueda del bienestar físico, mental, emocional y espiritual. Los curiosos espirituales son más proclives a estas prácticas que los cristianos practicantes.

A la luz de las tendencias de la atención plena, ¿cómo puede la iglesia reinventarse?

The Well [El pozo]

Aaron Bjerke es pastor de la iglesia The Well en Nueva York, una iglesia plantada por la Iglesia Presbiteriana El Redentor, donde trabajó como pastor asistente de Tim Keller. The Well es el esfuerzo más intencional que he visto para acoger a los curiosos espirituales con un enfoque diferente por completo de la iglesia.

«A lo largo de mi experiencia pastoral en la última década, me he dado cuenta de un nuevo grupo demográfico emergente a través de preguntas que me han hecho otros feligreses», explicó Aaron. «Hay un subgrupo demográfico creciente en la población secular que busca una experiencia espiritual, y que no ha recibido mucha atención por parte de la iglesia. Ya sea que se sientan estresados en el trabajo, cada vez más insatisfechos con una relación o con el dinero, los estadounidenses posmodernos buscan cada vez más un remedio espiritual»[3].

Las salas de meditación son la nueva ventaja laboral más de moda, y muchas oficinas ofrecen ahora lugares tranquilos para que los empleados se retiren unos minutos y se desestresen. Los directores ejecutivos buscan personalmente la práctica de la meditación para convertirse en mejores líderes. Una observación es que el movimiento de la meditación está donde estaba el movimiento del yoga a mediados de los noventa, lo que significa que el techo del mercado está todavía muy alto. No te sorprendas si comienzas a ver que la meditación crece aún más en los próximos años. Tampoco te asustes.

La meditación puede tener muchas formas distintas para cada persona. El mercado ofrece una amplia gama de prácticas (como la atención plena, la meditación trascendental o diversas formas de budismo) y promete una experiencia de paz, productividad, felicidad, etc. Esto se logra recuperando el control de la mente y dominándola. En su forma más sencilla y secular, la meditación solo consiste en dedicar unos minutos para acallar el parloteo del cerebro y suavizar algunas tensiones. Sin embargo, las distintas variantes de la meditación pueden incorporar diversos elementos espirituales.

Los consumidores de estas prácticas no suelen ser escépticos (los Richard Dawkins del mundo que son hostiles a la espiritualidad) ni tampoco son necesariamente buscadores que exploran la fe cristiana y dialogan con los cristianos (¡aunque podrían serlo!). Estos dos grupos han participado con éxito a través de varios programas de evangelización. Más bien, quienes están en el mercado de la meditación son lo que llamo *investigadores*: seculares en busca de una experiencia espiritual. La meditación puede dar resultado como una especie de práctica religiosa para personas que no se consideran religiosas. Recuerda que la mayoría de la gente se siente atraída por el mundo espiritual, sin que importe si son conscientes de ello. La meditación es una forma de explorar esta atracción natural en un entorno seguro y sin riesgos.

Ya puedes ver por qué Aaron Bjerke y yo congeniamos al instante. Él vivía como pastor todo lo que yo observaba en mis viajes e investigaciones.

No estoy seguro de si The Well es una iglesia o la mejor experiencia de «spa de iglesia». Le pedí a Aaron que describiera cómo era asistir a un servicio en The Well.

Los servicios son un lugar de serenidad, cuidado y descanso. Tanto los cristianos como los espirituales, pero no religiosos han sentido una profunda sensación de paz cuando entran a nuestro auditorio. Creamos una atmósfera serena y pacífica con nuestra música de baja fidelidad, preparando el escenario para una experiencia verdaderamente envolvente.

Nuestro servicio comienza con un cautivador vídeo de noventa segundos con caligrafía artística relacionada con la estación actual del calendario de la iglesia. A esto le sigue una introducción de bienvenida que habla directamente a los no religiosos, asegurándonos de que todos se sientan incluidos y comprendidos. Luego pasamos a dos canciones, presentadas a través de nuestra lente única de ritmos de baja fidelidad. Creemos en el poder de la belleza y utilizamos el arte para crear un entorno sanador que llegue al alma.

Nuestro sermón está diseñado a propósito para que dure veinte minutos, similar a una charla TED. Hemos recibido opiniones muy favorables de nuestros asistentes no religiosos, que lo han comparado con una «charla TED sobre el matrimonio». Valoramos la coherencia y el respeto por el tiempo de nuestra audiencia, ofreciendo un mensaje conciso e impactante. Después del sermón te invitamos a participar en una meditación guiada por diez minutos. Esta es una experiencia verdaderamente transformadora que permite un espacio para la reflexión personal y la conexión con lo Divino.

En The Well, nos esforzamos por crear un servicio religioso humilde e inclusivo. Rompemos el molde sentándonos en silencio después del sermón y ofreciendo una meditación guiada. Este momento de quietud y de escuchar es la parte más accesible y guiada por el espíritu de nuestro servicio. Creemos que todo el mundo puede beneficiarse de esta experiencia, sin importar que conozcan o no las Escrituras o las prácticas religiosas.

Para concluir nuestro servicio, participamos en la comunión, un momento sacramental y de manera muy significativa. Este no solo es un acto simbólico de recordación, sino un encuentro poderoso y tangible con lo divino[4].

El COVID interrumpió la trayectoria de crecimiento de The Well, pero me emociona ver que Aaron y la comunidad han comenzado a crecer de nuevo. Y estoy deseando ver cómo Dios utiliza esta fascinante experiencia de iglesia para presentársela a los curiosos espirituales.

A medida que nos encontremos con los curiosos espirituales, es probable que nos encontremos con muchas personas que han experimentado con la meditación, los horóscopos, las cartas del tarot y otras prácticas espirituales. Aunque los cristianos sean escépticos de estas cosas y rechacen su utilidad, debemos tener cuidado de no rechazar a las *personas* que las usan. Al fin y al cabo, están satisfaciendo su curiosidad sobre el mundo espiritual con los recursos que tienen a mano. Podemos fomentar esta curiosidad haciendo preguntas, recordando que la búsqueda de la verdad y el significado puede dar algunos rodeos en el camino hacia la Fuente suprema de toda verdad y significado. Algunos cristianos han actuado como perros guardianes que les gruñen amenazantes a las personas que se desvían del buen camino, a veces atemorizándolos para que no continúen su viaje. Sin embargo, con la ayuda de Dios, podemos actuar más como guías, indicándoles con amabilidad el regreso a la verdad en Jesús.

CAPÍTULO 8

En la tierra como en el cielo

Mi esposa y yo nos quedamos con algunos amigos en Orlando, y estábamos entusiasmados por llevar a nuestro hijo a Magic Kingdom [Reino Mágico] por primera vez. Nos levantamos más temprano de lo normal, a fin de llegar bien temprano.

Dax, que en ese entonces solo tenía tres años, se levantó antes que nosotros y jugaba con el hijo de mis amigos con algunos juguetes de la «Cajita feliz» de McDonalds. Era hora de cargar el auto y Dax había decidido que no quería ir con nosotros.

—Pero Dax, ¡vamos a montar en las atracciones del parque e incluso vas a ver al ratón Miguelito!

Esto no lo impresionó.

—No quiero ir al mundo de Disney. Quiero quedarme aquí.

Cuando nuestros esfuerzos no lograron convencerlo de lo maravilloso que sería el Reino Mágico, le levanté en brazos mientras pataleaba, gritaba y lloraba, y lo obligué a sentarse en su sillita del auto.

—¡Vas a ir al mundo de Disney y TE VA A ENCANTAR! —le dije en voz alta y enfadada.

—Pero yo no quiero ir al mundo de Disney. No quiero ir —continuó gritando.

Esta no era la escena que me había imaginado de todos los anuncios que había visto.

El cielo es un lugar en la tierra

Reflexionando sobre ese momento, me he dado cuenta de que esto no es diferente por completo al problema que tenemos convenciendo a otros de la promesa del cielo y de la salvación que viene a través de Jesús.

Algunas personas no quieren ir.

Como dijo C. S. Lewis: «Somos [...] como un niño ignorante que quiere seguir haciendo pasteles de barro en un suburbio porque es incapaz de imaginar lo que significa la oferta de unas vacaciones junto al mar»[1].

Recuerdo que en nuestras conferencias estudiantiles de PlanetWisdom [Planeta de Sabiduría] hicimos un segmento de enseñanza sobre cómo sería el cielo. MercyMe viajó conmigo en esos días y habían escrito «I can only imagine» [Solo puedo imaginar] como complemento a la enseñanza del fin de semana.

Empecé a recibir cartas de adolescentes sobre el cielo y la eternidad. (Estoy delatando mi edad, ¡pero en ese entonces los adolescentes escribían cartas!). Lo que leí me sorprendió. Muchos adolescentes cristianos no querían ir al cielo. Para ser claros, de seguro que no querían ir al infierno. Sin embargo, en sus mentes, el cielo tampoco parecía tan bueno. Preguntaban si Dios estaría dispuesto a «extinguirlos», de modo que no estuvieran en el infierno ni en el cielo por toda la eternidad. Si se tratara de una carta imprecisa, la hubiera descartado. En cambio, recibí como una docena de cartas de jóvenes por todo el país que expresaban lo mismo. Si el cielo *era* real, no querían ir.

Houston, tenemos un problema con el cielo. ¿Qué está sucediendo? Entonces, me di cuenta. Muchos adolescentes tienen una comprensión pobre del cielo, que se deriva de la manera en que comunicamos la fe cristiana. Se imaginan que estaremos en las nubes tocando el arpa todo el día.

Piénsalo. Si creyeras que el cielo va a ser como un servicio de iglesia interminable, las veinticuatro horas al día, los siete días a la semana, *por el resto de los tiempos,* ¿querrías ir? Yo no querría, ¡y soy parte de la planificación de nuestros servicios dominicales! A veces, me pregunto si incluso Jesús querría ir. Tal vez, en el fondo, tú también te has sentido así. No hay que avergonzarse por admitirlo. El cielo, tal y como lo hemos llegado a explicar, no parece atractivo en especial.

La realidad es que vemos a través de un cristal, oscuramente, y hemos hecho un mal trabajo viviendo en la tierra como en el cielo. La mayoría de la gente no tiene un contexto de cómo sería pasar la eternidad con Dios. Por eso, a fin de atraer a los curiosos, tenemos que saber cómo es el cielo *en realidad*.

David John Seel me lo dijo de esta manera:

> El evangelio tiene que expandirse para que vaya más allá de la redención: de la caída y la redención a la creación, la caída, la redención y la restauración, lo que significa, en esencia, que el propósito del evangelio es la renovación de toda la vida aquí y ahora. Y poner la vitalidad del reino aquí y ahora. No habrá más recursos en el cielo que no estén disponibles ahora. Y el desafío de la iglesia es hacer que el cielo entre en nosotros, no solo hacernos entrar en el cielo. Y que, en realidad, el cielo es el entorno en el que vivimos, y la creación y el reino de Dios están aquí y ahora. Y cuando hablamos del evangelio, el

evangelio no está centrado en la cruz, está centrado en la resurrección. Jesús dijo que el reino de los cielos está cerca, lo que básicamente significa que la vida de resurrección está disponible para ti ahora mismo, a fin de permitirte ser a plenitud la persona que puedes ser y que solo puedes ser cuando estás conectado a la realidad en la que estás diseñado para florecer[2].

La oferta de Cristo no es saltar de nube en nube siempre. ¡Es la posibilidad de experimentar el cielo en la tierra ahora! Puede que nuestra escatología creara una urgencia por evangelizar el mundo, pero al no enseñar la historia completa de las Buenas Nuevas, ha contaminado nuestro mensaje aquí en la tierra.

Para muchos curiosos espirituales, la idea de que convertirse en cristiano significa ir al cielo cuando uno muera hace que nuestra vida actual aquí parezca aburrida y sin sentido. Después de todo, ¿para qué crear arte o cuidar el medio ambiente si al final todo va a arder? Si hacerse cristiano solo es una escalera de escape, ¿para qué molestarse en quedarse?

Sin embargo, la verdadera enseñanza cristiana no se limita a lo que ocurre cuando morimos, ¡sino que significa que nuestra vida eterna comienza aquí y ahora! Nuestro lema debería ser: «¡Pulimos el bronce en barcos que se hunden!». ¿Por qué? Porque esa es la extravagancia del reino. Esa es la esperanza del evangelio. Siempre somos cocreadores con Dios haciendo nuevas todas las cosas. El problema es que hoy en día no estamos «haciendo» gran cosa, salvo grandes edificios con grandes fosos de asfalto que los rodean. Esa es la «vida eterna» que modelamos a un mundo que nos observa. ¿Por qué alguien querría pasar una eternidad haciendo esto?

Randy Alcorn, autor y fundador de la organización sin fines de lucro Eternal Perspective Ministries, escribió: «Lo mejor de la vida en la Tierra es vislumbrar el cielo; lo peor de la vida es vislumbrar el infierno. Para los cristianos, esta vida presente es lo más cerca que estarán del infierno. Para los incrédulos, es lo más cerca que estarán del cielo»[3].

Si la cita de Alcorn es cierta, tenemos que empezar a vivir el cielo en la tierra. Puede que sea el mayor testimonio que tengamos: que los cristianos poseemos una imagen de un ideal para la humanidad, ¡y se nos ha dado poder espiritual para darlo a conocer ahora mismo!

La buena noticia aquí es que la mayoría de las personas creen en algún tipo de cielo. Aunque no tan seguros como los cristianos practicantes, el 80 % de los curiosos espirituales creen que el cielo es un lugar real. En otras palabras, el duro trabajo de convencer a la mayoría de la gente de que existe algún tipo de cielo ya se realizó. El verdadero trabajo es convencerlos de cómo será.

La mejor manera de hacerlo no es proyectando más visiones de túnicas blancas, halos dorados y maratones tocando el arpa. Es vivir vidas que hablen del poder del cielo en el aquí y ahora. Y esa realidad está incrustada en el Padrenuestro: «Venga tu reino. Hágase tu voluntad, como en el cielo, así también en la tierra» (Mateo 6:10, RVR60).

Si el cielo es el lugar ideal y forma parte de nuestra experiencia futura, eso explica por qué los cristianos deben estar marcados por el pensamiento y el progreso futuros. Es más, esto solía ser así. En su libro *The Victory of Reason: How Christianity Led to Freedom, Capitalism, and Western Success*, el sociólogo de religión Rodney Stark escribió que, en la iglesia primitiva, «el cristianismo estaba orientado hacia el futuro, mientras que las otras grandes religiones afirmaban la superioridad del pasado. Al menos en principio, si no siempre en hecho, las doctrinas cristianas podían modificarse constantemente en nombre del progreso demostrado por la razón»[4].

La mayoría de los curiosos espirituales dicen que el cielo es real

Indica qué tan seguro estás de que el cielo es un lugar real.

	Todos los adultos de EE. UU.	Cristianos practicantes	Curiosos espirituales	Curiosos escépticos	Naturalistas
Seguro por completo	44%	83%	50%	24%	1%
Algo seguro	23%	11%	29%	29%	4%
Algo inseguro	15%	3%	10%	21%	24%
Nada seguro	18%	3%	10%	26%	70%

n=1 501 adultos de EE. UU., 19-23 de febrero de 2023. Fuente: Barna Group

Para entender mejor el cielo, será necesario que comprendamos de manera más profunda las Escrituras, y que luchemos con nuestro propio pecado y la forma en que se manifiesta en nuestra ciudad y en nuestros vecindarios a nivel sistémico. También nos desafiará a encontrar maneras más creativas de abordar ese pecado de forma proactiva, trabajando juntos para construir comunidades que reflejen el reino de Dios. El proceso de crear y hacer es una experiencia transformadora. Cuando nos unimos como iglesia para vivir el cielo en la tierra, esto profundizará nuestra propia alma y relación con Jesús. Y en lugar de ver el cielo como un servicio religioso las veinticuatro horas del día los siete días de la semana, lo veremos de una manera nueva por completo.

En caso de que no haya quedado claro, esto no es algo que ninguno de nosotros puede hacer solo. Como el pastor y autor Andy Crouch escribe en *Crear cultura: Recuperar nuestra vocación creativa*:

> ¿Quiere el lector crear cultura? Pues que encuentre una comunidad, un pequeño grupo que pueda alentar amorosamente sus sueños y despejar sus falsas ilusiones. Que encuentre amigos y forme una familia que esté dispuesta a ver la gracia en acción en la vida de los otros, y que puedan discernir juntos qué dones y qué cruces ha sido llamado cada uno a llevar. Que encuentre personas que sientan un respeto sagrado por el poder y que tengan una disposición sagrada a emplear su poder junto a los impotentes. Que encuentre compañeros en el agreste y maravilloso mundo que está más allá de las puertas de la iglesia. Y después, que hagan juntos algo con el mundo[5].

Para hacer esto bien, necesitamos salir de nuestra zona de comodidad y comenzar a trabajar y crear al máximo de la capacidad que Dios nos dio. Necesitamos encontrar nuestro flujo.

Encontremos nuestro fluir

El reconocido psicólogo Mihály Csíkszentmihályi descubrió y definió un estado de rendimiento óptimo al que llamó *flow* [fluir]. Lo describió de esta manera: «Los mejores momentos de nuestra vida, no son momentos pasivos, receptivos o relajados [...]. Los mejores momentos suelen suceder cuando el cuerpo o la mente de una persona han llegado hasta su límite en un esfuerzo voluntario para conseguir algo difícil y que valiera la pena»[6].

Es probable que hayas sentido el fluir en diferentes momentos de la vida. Tal vez lo llames estar «en la zona» o tener un «avance creativo». Sea lo que sea, es una sensación agradable. Es lo que sucede cuando el tiempo desaparece y experimentamos una concentración y unos logros óptimos.

Lo he experimentado varias veces escribiendo este libro. Me levanto, empiezo a escribir y, en lo que parecen minutos, mi esposa me llama para cenar. ¿A dónde se fue el tiempo? Fue una experiencia de eudemonía por encontrar profunda satisfacción, significado y propósito mientras me esforzaba por hacer mi mejor trabajo.

Sin embargo, siendo realistas, esos momentos ni siquiera eran experiencias de fluir máximo, pues estaba solo frente a mi computadora cuando los vivía. Los estudios demuestran que el fluir se experimenta mejor cuando se trabaja con otras personas. Los estudiantes consideran que fluir es más agradable cuando se trabaja en equipo que cuando se está solo. A los estudiantes también les parecía más placentero si los miembros del equipo podían hablar entre sí. Este hallazgo se repitió incluso cuando el nivel de habilidad y el desafío eran iguales[7].

Entonces, ¿cómo lo hacemos? ¿Cómo encontramos nuestro fluir? Bueno, hay al menos tantas formas como personas en el mundo. Para fluir, hay que encontrar una actividad que suponga un reto y que ponga a prueba nuestra habilidad para llevarla a cabo. Si es demasiado fácil, te aburrirás. Si es demasiado desafiante para tu nivel de habilidad, te frustrarás. Un buen primer paso es encontrar algo que te dé mucha alegría, pero que también te intimide un poco.

Muchos de nosotros encontramos el fluir en nuestros pasatiempos, el tipo de trabajo que hacemos, aunque no haya una razón económica para hacerlo. Puede ser una actividad creativa, un desafío físico o un trabajo voluntario en la comunidad. El tipo de trabajo que harías gratuito si pudieras. Algunos experimentan la alegría de las vocaciones que hacen esto, pero otros no.

Cuando pienso en la experiencia del cielo en la tierra, considero esta experiencia de fluir. Creo que el cielo es un grupo de personas que trabajan juntas, en comunidad, a fin de adorar a Dios en una variedad incontable de formas que ahora apenas podemos imaginar. No sé si hay «días» en el cielo, pero si los hay, no creo que haya dos iguales. Creo que el cielo será desafiante y que tendremos oportunidades de expandirnos y crecer en nuestras habilidades. Creo esto, pues eso es lo que quiero ahora todo el tiempo. Y podemos ofrecerles este tipo de experiencias a otros ahora mismo.

Por eso creo que debemos tener mucho cuidado a la hora de hacer que la iglesia o la búsqueda de la espiritualidad sean «más fáciles». No es útil en particular, ni siquiera es lo que buscan la mayoría de los curiosos espirituales. La vida cristiana puede ser exigente, y no hay razón para que finjamos lo contrario. Queremos que sea desafiante, pero sin dejar de trabajar para adaptar la experiencia al punto en el que la gente se encuentra en su peregrinación. Cuando hacemos esto bien, animamos a la gente a encontrar un fluir espiritual, experiencias de «lucha» que son transformadoras. Si los curiosos espirituales disfrutan de actividades desafiantes (incluso pagando por esas experiencias en vacaciones y con su tiempo extracurricular), ¿por qué no ofrecer experiencias similares en nuestras iglesias también?

Un vistazo al cielo

Una de las formas en que podemos mostrarles una visión del cielo a los demás es haciendo algo tan abrumadoramente excelente por ellos que desafíe cualquier norma por la que se hayan tratado. Los actos extraordinarios de bondad o de generosidad inesperada (sobre todo por parte de desconocidos) dejan boquiabiertas a las personas.

La investigación de Barna para la serie The State of Generosity [El estado de la generosidad] muestra que quienes dan recibieron algo a cambio. En concreto, más de la mitad de los adultos estadounidenses que han hecho donaciones caritativas en un año (54 %) afirman que en algún momento de su vida fueron receptores de la extraordinaria generosidad de otra persona (frente al 36 % de los que no son donantes)[8]. La gran generosidad puede ser sorprendente. Ante ella, las personas pueden encontrarse en su momento decisivo y transformarse para mejor.

El movimiento conocido como «Propinas para Jesús» comenzó en 2013 cuando una persona anónima empezó a dejar generosas propinas en restaurantes y bares con la etiqueta #TipsForJesus [#PropinasparaJesús]. Aunque los cristianos no suelen ser conocidos por sus extravagantes propinas (pregúntale a alguien del sector de servicios sobre su experiencia con la multitud que se congregaba en la iglesia los domingos), una persona misteriosa comenzó a dejar cientos o incluso miles de dólares sobre la mesa, todo en nombre de Jesús. Una historia inspiradora es la de una camarera de Oregón que recibió una propina de mil dólares, que utilizó para comprar un automóvil y llevar a su familia a unas vacaciones muy necesarias. Con el tiempo, más personas comenzaron a participar; y algunos dejaron hasta diez mil dólares.

La cuenta en las redes sociales pronto llegó a tener casi setenta y cinco mil seguidores, y la gente empezó a especular sobre quién estaba detrás.

Al final, se desveló el misterio: el donante extravagante era el antiguo presidente de PayPal, Jack Selby. Explicó que #TipsForJesus no pretendía ser un movimiento cristiano de manera explícita. Solo pensó que era el tipo de cosas que haría Jesús. «El nombre encapsulaba el espíritu de dar», declaró más tarde a la web gastronómica Eater. «Así que lo usamos»[9]. Los trabajadores de los restaurantes, muchos de los cuales trabajan muchas horas por un salario bajo, recibían cantidades de dinero que les cambiaban la vida, todo relacionado con Jesús.

Si buscas vivir una vida en pos del reino, no hay duda de que en algún momento llamaste la atención de un curioso espiritual. Estos son algunos de los momentos más emocionantes como cristiano, cuando la gente te ve haciendo algo que no puede entender.

Preguntan: «¿Por qué haces esto?». Su curiosidad natural se despierta ante una muestra de generosidad, bondad o empatía extravagantes. Y la única razón que puedes dar es la esperanza que tienes en seguir el camino de Jesús.

Cómo nos conectamos con los curiosos

En la búsqueda del cielo en la tierra, hay cuatro principios bíblicos que podemos utilizar para llamar la atención de los curiosos espirituales.

Vive en la tierra como en el cielo

En su libro *El Cielo: Una guía completa sobre todo lo que la Biblia dice acerca de nuestro hogar eterno*, Randy Alcorn escribe que «si lees la historia, encontrarás que los cristianos que más hicieron por el mundo actual fueron los que pensaron más en el próximo»[10]. Esto debería configurar nuestra forma de pensar sobre el cielo como cristianos. No es una excusa para cruzarnos de brazos y esperar un final feliz. Es una motivación para que nuestro mundo esté cada vez más en consonancia con el venidero. Hace poco me desempeñé como director ejecutivo interino de MOVEMENT.ORG, una organización que reúne a los líderes de una ciudad para preguntar: «¿Qué necesita acercarse más al diseño de Dios para el florecimiento humano?».

¿Cómo responderías a esta pregunta en tu ciudad o barrio? ¿Qué es lo que falla en la actualidad? Con el Espíritu Santo fortaleciendo todo lo que está dentro de nosotros, ¿por qué no deberíamos esforzarnos por vivir la oración que Jesús nos enseñó: vivir la vida en la tierra como es en el cielo?

Sin duda, el cielo no se parece a un estudio bíblico aburrido ni a una adoración sin vida. Cuanto más nos conectemos con el lugar al que vamos y deseemos traerlo a la tierra, más nos conectaremos con los curiosos espirituales.

Hacer las cosas nuevas

En 2005, un joven jugador de la NBA llamado LeBron James empezaba a llamar la atención. Por sí solo había convertido a los Caballeros de Cleveland en un equipo formidable de la NBA, y su desempeño estaba superando las enormes expectativas que se habían depositado en él. No pasó mucho tiempo antes de que la gente empezara a murmurar que podría ser el auténtico Michael Jordan. Los rumores crecieron lo suficiente fuertes como para que un periodista le preguntara a James a bocajarro qué le parecía la comparación. «No quiero ser el próximo Michael Jordan», respondió James. «Quiero ser LeBron James»[11].

Aquí hay una verdadera lección para el resto de nosotros. Para los cristianos, el pasado es un maestro y una guía útiles. Sin embargo, Dios es el Creador y se dedica a crear cosas nuevas. Apocalipsis 21:5 dice: «El que estaba sentado en el trono dijo: "¡Yo hago nuevas todas las cosas!"».

Esta es la obra que Jesús está haciendo, y hará, con la vieja tierra. La hará nueva. Aire nuevo, árboles nuevos, suelo nuevo. No sé tú, pero a mí me encantan las cosas nuevas. Los curiosos espirituales buscan cosas nuevas también. Andy Crouch lo expresa muy bien:

> Me pregunto por qué se nos conoce a los cristianos en el mundo fuera de nuestras iglesias. ¿Se nos conoce como críticos, consumidores, copiadores, condenadores de la cultura? Me temo que sí. ¿Por qué no somos conocidos como cultivadores, personas que cuidan y alimentan lo mejor de

la cultura humana, que realizan el duro y laborioso trabajo de preservar lo mejor de lo que las personas anteriores a nosotros han hecho? ¿Por qué no somos conocidos como creadores, personas que se atreven a pensar y hacer algo que no ha sido pensado o hecho nunca antes, algo que hace el mundo más acogedor y emocionante y hermoso?[12]

¿Cómo está nuestra comunidad espiritual creando cosas nuevas para los vecinos que nos rodean? La gente se siente atraída por este tipo de actividad. No quiero preservar algo que está muerto o moribundo; ¡quiero traer vida! No quiero seguir tratando de verter vino viejo en odres viejos. Quiero construir algo mejor. Como dijo Jesús en Juan 10:10: «Yo he venido para que tengan vida y la tengan en abundancia».

En busca de la paz de nuestra ciudad

El libro de Jeremías encuentra a Judá, el reino del sur de Israel, en un momento desgarrador de su historia. Acababa de recibir una paliza de los babilonios, cuando Babilonia dominó Jerusalén y llevó al pueblo al cautiverio. Las guerras y las batallas no son agradables en ninguna época, y en tiempos de Jeremías eran brutales en particular. Muchos soldados sufrieron muertes dolorosas, y los sobrevivientes enfrentaban una vida de exilio y esclavitud.

Imagínate vendando tus heridas mientras consuelas a tu angustiada familia cuando estalla el caos y trastorna todo lo que apreciaste en la vida. A hombres y mujeres jóvenes los están arrebatando para someterlos a esclavitud en una tierra extranjera. Ustedes son los perdedores en la batalla y ahora los vencedores reinarán sobre ustedes.

En esta escena es que Jeremías viene con una palabra del Señor: «Además, busquen el bienestar de la ciudad adonde los he deportado y pidan al SEÑOR por ella, porque el bienestar de ustedes depende del bienestar de la ciudad» (29:7).

Me resulta difícil imaginar lo que pensaban de estas frases las personas a las que iba dirigido este mensaje. Pienso en Daniel, Ananías, Misael y Azarías (a los tres últimos los conocemos mejor por sus nombres babilónicos: Sadrac, Mesac y Abednego). A todos los sacaron de sus hogares para servir en Babilonia. Sin embargo, en medio de este castigo nacional que se produjo debido a que el pueblo no seguía al Señor, caminaron de manera magnífica por la línea de servir con humildad a sus captores, sin desobedecer ni darle la espalda a Dios. La Biblia registra relatos asombrosos de momentos notables en los que demostraron una profunda confianza en Dios mientras estaban en el exilio. Cuando la dieta que se les prescribió en Babilonia iba en contra de la ley judía, no montaron en cólera ni obedecieron de buen grado. En su lugar, propusieron una sencilla prueba: pedirles a sus captores que les dejaran seguir comiendo una dieta vegetariana durante unos días para ver si parecían menos sanos que los demás. Al cabo de diez días, los babilonios tuvieron que admitir que Daniel y sus amigos parecían aún más sanos que ellos (Daniel 1:3-16). Gracias a esta combinación de paciencia, consideración y conversación, Daniel, Ananías, Misael y Azarías pudieron ganarse la libertad de mantener su práctica religiosa y ganarse el respeto de los que los rodeaban.

¿Qué nos puede parecer esto a nosotros hoy? Puede que no vivamos en cautividad, pero sabemos que nuestro estilo de vida cristiano no siempre está en perfecta armonía con el mundo que nos rodea. Podemos doblegarnos y someternos a leyes que van en contra de nuestros principios cristianos, o podemos negarnos obstinadamente a asociarnos con el resto de nuestra comunidad. O podemos ser como Daniel y sus amigos, honrando a Dios mientras buscamos la paz de nuestras ciudades, incluso cuando esto requiere una buena dosis de matices.

Daniel, conocido por tener «una inteligencia extraordinaria, conocimiento, entendimiento y capacidad» (Daniel 5:12), así como por «tacto y sensatez» (2:14), llegó a ser «gobernador de toda la provincia [...] y jefe de todos sus sabios» (2:48). Años más tarde, lo nombraron «tercer gobernante del reino» (5:29) y «el rey pensó en ponerlo al frente de todo el reino» (6:3). Estas posiciones increíblemente importantes en el gobierno demuestran que Daniel dedicó su vida al éxito del reino donde vivía como exiliado, desviando su lealtad solo cuando, como decían sus enemigos, era «algo relacionado con la Ley de su Dios» (6:5).

Creo que si podemos aprender a vivir más así en nuestros días, podemos alcanzar a más curiosos espirituales a través de un testimonio vivo de la bondad y la grandeza de Dios.

En busca del reino para despertar la imagen de Dios en las personas

Si eres de la generación X, o mayor, lo más probable es que hayas oído hablar del icónico mago Doug Henning. Su musical de Broadway, *The Magic Show*, sus especiales de televisión y sus actuaciones en gira lo convirtieron en uno de los magos más conocidos de la década de 1970. Cuando era niño, me intrigaban los magos, o ilusionistas, como los llamábamos en mi hogar cristiano conservador. Me fascinaba hacer aparecer y desaparecer personas, cortarlas supuestamente en dos y volverlas a unir, y todo tipo de cosas maravillosas. Pude ver a Doug Henning en vivo en el teatro Pantages de California cuando era adolescente, y cuando salió el libro *Spellbound* [Hechizado], un libro sobre la vida de Doug, leí una historia que me recordó cuál es nuestro propósito como cristianos. En 1971, Doug Henning viajó a una remota región cerca del Polo Norte donde hizo magia para el pueblo inuit.

Se sentaron en el suelo con sus parkas y yo hice lo que me pareció bastante bueno. Se quedaron sentados, no sonrieron, no dijeron ni una palabra y, al final, nadie aplaudió. Sin embargo, estaban concentrados por completo en mí, como si fuera una especie de fenómeno. Solo uno hablaba inglés, así que le pregunté:

—¿Les gustó el espectáculo?

—Sí, nos gustó —dijo.

Entonces le pregunté:

—¿Y a todos les gustó la magia?

—¿La magia? —dijo.

Le expliqué que estaba tratando de entretener a la gente.

—El entretenimiento es bueno, ¿pero por qué haces magia? El mundo entero es mágico... me respondió.

Nos sentamos en el suelo.

—Es mágico que caiga la nieve, todos esos pequeños cristales son muy diferentes... eso es magia —me dijo.

Ahora estaba jadeando, tratando de explicarle la magia. Pensé en mi «Zombi», que para mí era lo mejor que tenía.

—Hice que esta linda bola de plata flotara en el aire... eso es magia —le dije.

Entonces los inuit comenzaron a hablar entre sí. El hombre se me acercó con una gran sonrisa en su rostro y me dijo:

—Ahora sabemos por qué haces eso. Es porque tu gente ha olvidado la magia. Lo estás haciendo para recordarles la magia. ¡Bien hecho!

Lloré en ese momento... y les dije:

—Gracias por enseñarme acerca de la magia. No lo sabía.

En realidad, esa fue la primera vez que supe lo que era asombroso. Fue lo más memorable que me ha pasado. Nunca lo olvidé, por dentro. Por eso me hice mago[13].

Muchos de nosotros los seguidores de Jesús somos como Doug Henning. Así como él perdió el contacto con lo maravilloso, sustituyéndolo por trucos de fiesta y teatros de Broadway, hemos olvidado lo que es de veras asombroso sobre el poder del evangelio. Gran parte de lo que debemos hacer hoy es recordar el poder del evangelio, la grandeza de la gracia. En el tercer capítulo de Eclesiastés, *Qohéleth* escribe: «[Dios] puso en la mente humana la noción de eternidad, aun cuando el hombre no alcanza a comprender la obra que Dios realiza de principio a fin» (3:11).

De algún modo, los cristianos no hemos logrado imaginar la gloria del cielo, su mágica maravilla. Nos hemos detenido antes de buscar el reino en nuestras ciudades y vecindarios. El mundo ha descuidado el fragmento del *imago Dei* en la humanidad, roto por el pecado que anhela con desesperación reflejar la imagen de Dios. Tal vez parte de la razón por la que el mundo está perdiendo el contacto con ese fragmento es que nosotros, los cristianos, que estamos en la mejor posición para conectar a las personas con ese fragmento, les estamos fallando.

«¿Por qué los cristianos son tan aburridos?»

A nuestra familia le gusta ir a museos, asistir a conciertos en directo y disfrutar del teatro. En una de nuestras visitas a Nueva York para ver a nuestros hijos, nos tropezamos por casualidad con *American Utopia*, de David Byrne. La experiencia fue tan increíble que fuimos dos veces. Al salir de la función, profundamente afectado, le pregunté a mi familia: «¿Por qué los cristianos son tan aburridos?».

Mis hijos adultos y yo nos hemos lamentado de esto toda la vida. Asistíamos a un concierto de una de sus bandas favoritas y preguntaban: «¿Por qué esto es mucho más divertido que el culto del domingo por la mañana?». No sabía qué responder, ¡aparte de que estoy bastante seguro de que el concierto al que acabamos de asistir tampoco les parecería lo mismo un domingo por la mañana!

Mi crítica al cristianismo no pretende ser un ataque. Después de todo, soy cristiano. ¡También me critico a mí mismo! El hecho es que rara vez nos encontramos en la cima de nuestros campos, sobre todo en las artes. Si bien es cierto que hay muchos artistas cristianos apasionados y hábiles que hacen un hermoso trabajo, es seguro decir que muy pocos de los artistas más notables de nuestros días provienen de la iglesia. ¿A qué podría deberse esto? Después de todo, como vimos, la mayoría de las personas en Estados Unidos se identifican como cristianas. ¿Por qué estamos tan pocos representados entre los campos creativos más convincentes y celebrados de nuestro tiempo?

Resulta que se han realizado algunas investigaciones sobre por qué podría ser así. La investigadora Dana R. Carney escribió: «Obtuvimos evidencias coherentes y convergentes de que las diferencias de personalidad entre liberales y conservadores son sólidas, replicables y significativas en términos de comportamiento, en especial con respecto a las dimensiones sociales (en comparación con las económicas) de la ideología. En general, los liberales tienen una mentalidad más abierta, son más creativos, curiosos y buscan más novedades, mientras que los conservadores son más ordenados, convencionales y mejor organizados»[14].

Como es obvio, no todos los cristianos estadounidenses son conservadores en lo político o lo social. Sin embargo, los cristianos estadounidenses tienden estadísticamente a inclinarse hacia el conservadurismo, lo que significa que la investigación de Carney puede contener al menos parte de la respuesta a nuestra pregunta. En cambio, ¿acaso eso por sí solo condena al cristiano de tendencia conservadora a una vida carente de creatividad e imaginación artísticas? Stephen Dollinger, investigador de la Universidad del Sur de Illinois, fue un poco más allá en la introducción de su artículo: «Creatividad y conservadurismo», con una visión general de la cuestión:

> [Glenn] Wilson teorizó el conservadurismo como basado en un temor generalizado de la inseguridad. Sin embargo, puede considerarse de manera más amplia como una «cognición social motivada» impulsada por motivaciones epistémicas, existenciales e ideológicas con dos aspectos fundamentales: el miedo al cambio y la tolerancia a la desigualdad (Jost, Glaser, Kruglanski y Sulloway, 2003 a). Dada la teoría de Wilson, existen al menos tres razones para esperar una menor creatividad entre los conservadores.
>
> En primer lugar, los individuos que se sienten amenazados por la incertidumbre pueden estar dispuestos a centrarse en necesidades de orden inferior para aumentar su seguridad y protección (por ejemplo, Bar-Tal, 2001, Maslow, 1987). Este enfoque es incompatible con las motivaciones que impulsan la creatividad. En segundo lugar, la conformidad con lo que se acepta convencionalmente centra al individuo en las tradiciones (lo antiguo), mientras que todas las definiciones de creatividad incluyen un enfoque en lo nuevo (Mayer, 1999). Como señaló Runco (2004), la creatividad no solo responde a los problemas o retos actuales, sino que es «uno de los motores de la evolución cultural» (p. 658). Esta asociación con el cambio social puede provocar ansiedad en los conservadores. En tercer lugar, los elementos autoritarios y contrarios al hedonismo del constructo llevarían a los conservadores a devaluar la imaginación[15].

Esto puede parecer un poco duro o peyorativo. No obstante, nuestra investigación para este libro es coherente con muchos de estos puntos, y es cierto. Antes, hablamos de la mayor necesidad de cierre y las puntuaciones más bajas de curiosidad informadas por los cristianos practicantes como menos ciertas en los curiosos espirituales. Las iglesias con poblaciones conservadoras en su mayoría son estadísticamente menos propensas a tener personas atraídas por la creatividad.

No saco esto a colación para insultar a los conservadores (¡yo soy uno!), sino para ayudarnos a comprender que procedemos de una cultura cognitiva que lucha por atraer a los curiosos. Es probable que los curiosos espirituales no sean propensos a sentirse cómodos en muchas de nuestras iglesias, pues gran parte de la cultura de la iglesia es construida y mantenida por personas que fundamentalmente piensan de manera diferente a ellos. Los cristianos estamos mucho mejor preparados para debatir con los ateos acérrimos que para crear una experiencia significativa de descubrimiento espiritual para quienes buscan encontrarse con Dios de forma diferente o, en algunos casos, precisa.

Es importante señalar, sin embargo, que nuestras iglesias tienen muchos creyentes que también puntúan alto en su curiosidad y con menos de una alta necesidad de cierre. Es probable que estos cristianos, curiosos por naturaleza, estén hambrientos de una experiencia espiritual satisfactoria en la iglesia, asistiendo domingo tras domingo, preguntándose por qué no les satisface. Muchos de ellos pueden asistir a la iglesia con una sonrisa feliz en el rostro, pero no hay ningún gozo real en su interior. Asisten más por obligación que por placer, y lo que sienten a las puertas de la iglesia es soledad y aislamiento. Tienen miedo de expresar sus preguntas, pues la cultura de alto cierre que los rodea les ha hecho sentir que hacer preguntas no es algo que hagan los «buenos cristianos».

El peligro de esta idea es que podríamos tratar de ser más creativos o divertidos en un esfuerzo por participar en una transacción espiritual con los no creyentes, como lo hizo el movimiento de los buscadores en los años noventa. No queremos que nuestras acciones se conviertan en un simple adorno en lugar de una forma real de relacionarnos con nuestras comunidades. Tratar de engañar a los curiosos espirituales con una falsa creatividad puede hacer que se muestren aún más escépticos ante las afirmaciones del cristianismo. No podemos buscar la creatividad como una táctica o estrategia calculada para atraer a los no cristianos. Más bien, debemos buscar el reino, esforzándonos por crear el cielo en la tierra, pues estamos llamados para eso.

CAPÍTULO 9

Una presencia fiel en nuestras comunidades

La nación de Israel estaba en crisis y el país estaba dividido en dos facciones: los que apoyaban a David y los que apoyaban a su rival, el hijo del rey Saúl, Isboset. En 1 Crónicas 12, mientras el ejército de David marcha hacia Jerusalén para reclamar el trono y unir a Israel bajo el gobierno de David, vemos que guerreros de varias tribus y facciones comienzan a reunirse en torno a la causa de David.

Los hombres de Isacar se destacan entre este grupo; se los elogia por su sabiduría y su capacidad en el «conocimiento de los tiempos» (v. 32). Sabían lo que Israel debía hacer y cómo guiar al pueblo de Israel para que lo hiciera. Tenían una comprensión clara de la voluntad de Dios y podían discernir el curso futuro de los acontecimientos. Debido a sus dones únicos, David se aseguró de incluirlos en su equipo de liderazgo, sabiendo que su conocimiento sería invaluable en tiempos de guerra.

La caracterización de los hombres de Isacar no se detalla mucho en la Biblia. Sin embargo, podemos inferir mucho de la historia general de su tribu. Isacar era una de las doce tribus de Israel, y se le conocía por generar gente trabajadora y diligente. También se les conocían por sus prácticas agrícolas, lo que podría explicar por qué podían percibir los tiempos y las estaciones con tanta precisión. Eran una tribu de hombres que entendían su entorno y sabían cómo utilizar mejor sus recursos para trabajar de manera eficiente. Es seguro asumir que estos eran el tipo de personas que inspiran confianza de manera implícita. Es probable que todos hayamos conocido hombres y mujeres que parecen exudar competencia, el tipo de personas hacia las que todos los demás gravitan de forma natural. Los hombres de Isacar eran este tipo de personas.

Aunque breve, la mención de los hombres de Isacar en la Biblia tiene un gran significado para nosotros hoy en día, en especial para quienes desempeñan funciones como líderes de la iglesia. Nuestro país, nuestro mundo, está experimentando rápidos cambios. Los desafíos a los que nos enfrentamos hoy requieren la sabiduría y la perspicacia de los hombres de Isacar: saber qué hacer y cómo dirigir a las personas de manera eficaz.

Es más, por esta razón, este pasaje y el pueblo de Isacar son a menudo citados por mis amigos de Barna como un ejemplo bíblico para su trabajo. Como dice David Kinnaman: «La investigación social, tal como la conocemos hoy, es más sofisticada, pero su propósito suele ser el mismo: entender los tiempos y saber qué hacer. Esto no solo se trata de un precedente bíblico, sino de una necesidad acuciante para la iglesia en general, y también para la tuya, en una época en la que la gente se aleja y cuestiona la relevancia de la fe. Los datos deben importarles a los líderes religiosos, pues las personas importan. A través de esta lente, los porcentajes se convierten en vislumbres de los antecedentes, creencias, retos y esperanzas de los individuos. Se convierten en recursos para comprender mejor el mundo que nos rodea y cómo tu gente, tu iglesia y tú como su líder existen dentro de él»[1].

Desde hace un par de siglos, los cristianos de Estados Unidos han desempeñado un papel dominante en la configuración de gran parte de nuestra cultura. Sin embargo, el rápido ritmo del cambio está poniendo al descubierto la frágil fe de muchos que se identifican como cristianos. Muchos cristianos se encuentran inseguros sobre qué pensar o creer en esta cultura en rápida evolución. Muchos se han sentido heridos o han confundido su fe en Jesucristo con determinados movimientos políticos o sociales, lo que les ha impedido explorar por completo su fe. Y como hemos visto, muchos han construido inadvertidamente su fe sobre un castillo de naipes, propenso a derrumbarse a la primera señal de problemas. Nuestra labor como líderes de la iglesia consiste ahora en ayudar a replantear el discipulado para que los cristianos puedan desarrollar su capacidad de resiliencia, no solo para sí mismos, sino también para que puedan comprometerse e influir en un mundo quebrantado que necesita las buenas nuevas del evangelio tanto como nunca.

En este capítulo, espero hacer el trabajo de un hijo de Isacar de la era moderna al recuperar un marco bíblico para la forma en que nosotros, como cristianos, nos vemos a nosotros mismos como discípulos en este mundo cambiante. Este marco reconoce nuestra posición minoritaria en la cultura, al mismo tiempo que es consciente de nuestra posición mayoritaria en muchos lugares de poder, y nos anima a seguir preocupándonos profundamente por abrirles la puerta de la fe a quienes sienten curiosidad por ella.

La Babilonia digital, los exiliados y la práctica de la presencia fiel

En *Fe para los exiliados*, David Kinnaman y yo analizamos el cambio de identidad que ha experimentado la iglesia en Estados Unidos. Aunque el fenómeno de la identidad provocado por la globalización, el internet y la inmigración ha afectado a naciones de todo el mundo, la singular historia del origen de la iglesia en Estados Unidos, que hunde sus raíces en la huida de los puritanos de la iglesia de Inglaterra, tiene repercusiones para la iglesia estadounidense actual. Nos han moldeado con un sentido de llamado que, en sus excesos, se ha desviado hacia la autoimportancia. El mito de la «ciudad sobre una montaña» de Mateo 5:14 está tan extendido y entretejido en el protestantismo blanco, que ha sido la cosmovisión dominante en Estados Unidos, que puede resultarnos difícil incluso reconocerlo. A menudo somos como un pez que no es consciente del agua en la que nada hasta que nos topamos con otra cultura, subcultura o cosmovisión que lo pone en tela de juicio.

Muchos de mis más queridos amigos son hijos de misioneros, o «HM». Por lo general, estos chicos se criaron en una cultura diferente a la que nacieron, pero nunca llegaron a ser ciudadanos de pleno derecho de sus nuevos países de origen. Crecieron sin pertenecer a ningún país o cultura en particular. A este fenómeno se le conoce como *niños de la tercera cultura*. Tienes tu país de nacimiento, del que procede la cultura de tu familia y al que a menudo estás anclado, la cultura en la que vive tu familia y luego, quizá incluso, otra cultura en la que asistes a un internado. He aprendido mucho de mis amigos con estos antecedentes. Aunque a menudo comparten el dolor de no saber a dónde pertenecen, también ofrecen una gran perspectiva de mis propias suposiciones. Todos tenemos ciertos filtros culturales para interpretar el mundo que nos rodea, pero los niños de la tercera cultura suelen ser muy conscientes de estos filtros culturales y están bien equipados para desafiarlos. Estas y otras relaciones interculturales de las que disfruto me han ayudado de muchas maneras a tener una visión más amplia de Dios y de lo que está haciendo en el mundo.

La realidad es que pocos estadounidenses realizan viajes interculturales, y si lo hacen, rara vez lo hacen en profundidad. Hace falta algo más que un largo fin de semana en Tokio para comprender de veras lo que hace de Japón un lugar especial para sus habitantes. Se necesita algo más que una visita turística a la Gran Pirámide para comprender la vida del pueblo egipcio. Se necesitan semanas y meses en el extranjero para experimentar de verdad lo que se conoce como «choque cultural». Este es el fenómeno que se produce cuando nos privan de nuestras normas culturales durante un período prolongado. Cuanto más tiempo pasamos en un país diferente, más nos damos cuenta del modo de vida, la cultura y las actitudes que nos formaron en casa, y más nos damos cuenta de que esas cosas no son necesariamente realidades universales para toda la humanidad. Puede ser una sensación profundamente desorientadora. No obstante, según mi experiencia, casi siempre es saludable.

En el mundo digital, esto se ha convertido en un fenómeno aún más complejo. Cualquier sentido del lugar que encontramos cuando nos relacionamos con el mundo a través de nuestras pantallas se ve alterado con facilidad. Nuestras propias fronteras culturales son mucho más porosas en línea. En este mundo en línea de la Babilonia digital, podemos experimentar un choque cultural desde la relativa comodidad de nuestros hogares. Ya no estamos en el mito de Estados Unidos como la «ciudad sobre una montaña». Estamos conectados con diversas subculturas dentro de nuestro propio país, por no hablar del resto del mundo. Y las estructuras de poder tradicionales que mantenían vivo el mito ya no controlan la narrativa. Este choque cultural ha dado lugar a algunos mecanismos de supervivencia poco saludables, en los que algunos cristianos bienintencionados se esfuerzan por mantener cierto sentido de control. También ha llevado a la iglesia a desorientarse. Si bien la incomodidad es real y puede haber un deseo de regresar a la «normalidad», de que todo vuelva a ser «genial» como solía ser, debemos darnos cuenta de que lo que está sucediendo es un golpe de la realidad. Es un llamado de atención para ver la vida como es, conectarnos con lo que Dios está haciendo aquí y ahora, y descubrir cómo podemos unirnos a Él en la obra.

Al desentrañar la Babilonia digital en *Fe para los exiliados*, enfatizamos la importancia de recuperar la teología del exilio. Si nosotros, como iglesia, hemos perdido algo durante la última década, es nuestra comprensión de esta teología en particular. No es demasiado tarde para encontrarla de nuevo.

Aprendamos a vivir como exiliados

En la Biblia, la relación de pacto entre Dios e Israel los estableció como una nación única, y Jerusalén se convirtió en el arquetipo de una ciudad de la encarnación, donde la presencia de Dios y el pueblo moraban juntos. La desobediencia de Judá, el reino del sur de Israel, permitió que Babilonia, otra ciudad arquetípica, la dominara y la esclavizara. Esto llevó a Judá, con su cultura de pacto, a tener que vivir bajo la autoridad de una nación que no reconocía a Dios y que, en realidad, estaba fuera del pacto. Aquí vemos los desafíos a los que se enfrentaron Judá y algunos ciudadanos concretos mientras navegaban por su devoción a Dios en una cultura atea, una cultura que a veces ponía a prueba esa devoción.

EXILIO DEL ANTIGUO TESTAMENTO	EXILIO DEL NUEVO TESTAMENTO
Criado «en casa»	Nunca he estado en casa
Exilio como resultado de la desobediencia / cautiverio / trauma	El exilio es el resultado de la salvación
Israel como nación entre naciones	El cielo no es de esta tierra; sus ciudadanos están distribuidos por muchas naciones
Israel, esperanza de las naciones	Los cristianos, una esperanza para el mundo
Babilonia	El mundo = Cualquier institución humana que desplaza nuestra lealtad de Dios a sus sistemas, valores y creencias idólatras
	Jesús como exiliado, para mostrarnos el camino a casa
A la espera del Mesías	A la espera del regreso de Cristo y el establecimiento del reino
Arriesgar la vida en momentos de confianza épica	Arriesgar la vida en momentos de confianza épica
Lealtad a Dios, subversiva solo cuando se cuestiona la lealtad	Lealtad a Dios, subversiva solo cuando se cuestiona la lealtad
En busca del bien de Babilonia mediante la oración y la acción	En busca del bienestar del mundo a través de la demostración del bien y de la esperanza del evangelio

Fuente: Mark Matlock

A lo largo del Antiguo Testamento y hasta el Nuevo, las Escrituras nos muestran ejemplos del pueblo judío viviendo en el exilio bajo el dominio de diferentes naciones.

Después del Pentecostés, mientras el cristianismo comienza a extenderse, vemos que se da un nuevo marco al cristiano, que carece de nación terrenal y vive en un constante estado de exilio hasta el regreso de Cristo y la creación de un nuevo cielo y una nueva tierra.

Cuando David y yo presentamos la idea de la Babilonia digital en *Fe para los exiliados,* algunos lectores con los que interactué tuvieron dificultades con el concepto veterotestamentario del exilio a la luz del Nuevo Testamento. En el gráfico anterior, hice una comparación entre el exilio en el Antiguo Testamento y en el Nuevo Testamento que espero te resulte útil. Aunque algunas circunstancias difieren, son muy coherentes entre sí.

Nuestra nueva ciudadanía

«Mas nuestra ciudadanía está en los cielos», escribió Pablo a la congregación en Filipos (3:20, RVR60). Cuando confiamos en Cristo, ya no pertenecemos a este mundo; muestra ciudadanía cambia. No solo somos regenerados en el Espíritu, o nacemos de nuevo, sino que también somos «naturalizados», no a los reinos de la tierra, sino al reino de los cielos. Esta es una realidad y un tema extraordinarios del Nuevo Testamento, y es uno que no vivimos lo suficiente.

Nuestro estatus es el de residentes extranjeros

En 1 Pedro 2:11-12 se nos dice: «Queridos hermanos, les ruego como a extranjeros y peregrinos en este mundo que se aparten de los deseos pecaminosos que combaten contra el alma. Mantengan entre los incrédulos una conducta tan ejemplar que, aunque los acusen de hacer el mal, ellos observen las buenas obras de ustedes y glorifiquen a Dios en el día de su visitación».

Puesto que ya no pertenecemos a este mundo y somos ciudadanos naturalizados del cielo, nuestro estatus cambia.

Los cristianos somos un pueblo sin nación en la tierra: ya no pertenecemos a ningún lugar. Podemos vivir en la tierra (al menos por ahora), pero pertenecemos a Jesucristo y a su reino. Este cambio de estatus es tan fuerte que debería determinar cómo vivimos en los vecindarios y ciudades que nos rodean. Pedro le dice a la iglesia primitiva que, en el mejor de los casos, la gente, incluso la que les acusa de hacer el mal, acaba glorificando a Dios por todo el bien que les ven hacer a los cristianos.

Tenemos una nueva autoridad y un nuevo papel

«Así que somos embajadores de Cristo, como si Dios los exhortara a ustedes por medio de nosotros: "En nombre de Cristo les rogamos que se reconcilien con Dios"», dice 2 Corintios 5:20.

He tenido el privilegio de conocer a varios embajadores extranjeros. Representan a su nación (su soberanía, su cultura y su pueblo) en tierras extranjeras. Actúan en función de los intereses de su nación y muestran las costumbres de su país. Aunque respetan las leyes del país en el que residen, puede en el que vivan durante décadas, no se asimilan a él. Están allí para representar los intereses de su gobierno. En última instancia, están bajo la autoridad de su país natal, sin importar cuán lejos vivan de él.

Esta es una manera útil de pensar acerca de nuestro estatus de cristianos. Toda persona que experimenta la gracia salvadora de Dios por medio de Jesucristo vive ahora en el exilio en este mundo. Esta idea tenía un significado importante para los cristianos del Nuevo Testamento. Influyó en su forma de vida y en la influencia que ejercían en sus comunidades locales y en las naciones del mundo.

Cómo comprender el exilio en una democracia

Reconocer nuestra condición de exiliados como cristianos se vuelve un poco más complicado en un país como Estados Unidos. El maravilloso experimento llamado *democracia* y el origen de inmigrantes de Estados Unidos ha nublado sin intención las líneas divisorias para muchos cristianos estadounidenses en cuanto a cómo debería ser el exilio bíblico. La inmigración a Norteamérica de los puritanos que escapaban de la percibida persecución religiosa creó una nueva narrativa de la «ciudad sobre una montaña». Algunos comenzaron a pensar en este nuevo país como la Nueva Jerusalén.

La mayoría de estos cristianos no llegaron a Estados Unidos con fines misioneros; es decir, para ser embajadores de la fe y predicarles las Buenas Nuevas a la gente que ya vivía aquí. Más bien, querían establecer una nueva colonia.

A medida que se acercaba lo que por fin se convirtió en la Revolución estadounidense, hubo desacuerdos teológicos respecto a cómo aplicar la enseñanza bíblica sobre la autoridad a las crecientes frustraciones con Inglaterra bajo el rey Jorge. Hubo profundos desacuerdos teológicos acerca de la aplicación de Romanos 13 al pensamiento revolucionario. Aunque la mayoría de los estadounidenses parecían compartir el descontento generalizado con el dominio británico, muchos abogaban por un enfoque menos violento y más paciente del cambio, y estaban preocupados por la forma en que se utilizaba la Biblia para justificar el pensamiento revolucionario. Los estadounidenses de mentalidad revolucionaria insultaban a estos cristianos calificándolos de «predicadores lealistas», y los patriotas, en una oleada de fervor nacional, destruyeron la mayoría de sus escritos. Solo en las últimas décadas han comenzado a circular sus sermones.

Hoy en día, es común que los estadounidenses hagan promesas ineficaces de «abandonar el país» si una elección presidencial no sale como querían. Sin embargo, cuando la revolución se impuso, muchos de estos primeros estadounidenses se marcharon en masa. Entre 60 000 y 80 000 personas abandonaron las colonias después de la revolución estadounidense, muchas bien educadas y adineradas[2]. Esto representaba entre el 15 y el 20 % de la población estadounidense, una cifra nada desdeñable que cambió de inmediato el naciente tejido social del país. Para el resto de los cristianos estadounidenses, una nueva era de cristianismo evolucionaría bajo un gobierno democrático.

En cierto modo, es más fácil ver el exilio bajo un gobierno autoritario. En cambio, bajo una república democrática donde la autoridad reside, al menos en teoría, en el pueblo en lugar del derecho divino de la monarquía o la fuerza militar bruta, reconocer tu exilio es mucho más desafiante.

Por ejemplo, en Estados Unidos es popular y aceptado adoptar una perspectiva teológica de «doble ciudadanía», sin importar que seamos conscientes o no de que mantenemos este punto de vista. Está muy extendida la creencia de que Estados Unidos ha sido una nación bajo Dios, fundada sobre principios cristianos y que, por tanto, es saludable amar a Dios y a la patria con igual fervor. Para los cristianos que adoptan este punto de vista, a veces es difícil saber dónde termina ser un buen patriota y dónde empieza ser un seguidor obediente de Jesús. De este modo, nos vemos seducidos a vivir en el exilio.

No obstante, si adoptamos el punto de vista más bíblico, entendiendo que estamos en el exilio mientras vivimos en este mundo, no podemos ser «ciudadanos dobles» de Estados Unidos ni de cualquier otro país. Solo podemos tener una lealtad, y es al Rey Jesús y a su reino. Tal vez esta confusión sobre la doble ciudadanía nos ayude a entender mejor la guerra cultural en la que están involucrados muchos cristianos estadounidenses. Estamos atrapados en un ciclo de búsqueda de influencia política en lugar de vivir la misión que se nos dio como embajadores. Estamos tratando de obligar a nuestro país a convertirse en algo que nunca podrá ser.

Una teología de la presencia fiel

He vivido toda mi vida en Estados de la frontera sur de Estados Unidos o de la costa oeste. Como estadounidense de cuarta generación, soy muy consciente de mi pasado como inmigrante, y de las increíbles oportunidades y herencia espiritual que Estados Unidos le brindó a la familia de mi padre. Cuando mi bisabuela viajó a Estados Unidos siendo una niña de primaria, su familia era pobre. No tenían mucha riqueza, educación, posición de poder o influencia; todo lo que tenían era su presencia. Y resultó que su presencia fue suficiente.

He visto a inmigrantes llegar a los Estados Unidos de la misma manera, y sin poder político o económico, cambian el panorama de la cultura. ¿Cómo? Solo con su presencia. Su influencia no es el dinero ni la posición. Es su ser físico. Es su proximidad a las personas que los rodean.

Es más, esta es la forma en que los cristianos están llamados a realizar esas buenas acciones: como extranjeros y peregrinos. Puesto que nosotros también somos extranjeros en este mundo, quizá podamos aprender de esta poderosa, aunque sutil, forma de influir en el mundo. Tal vez una manera de moldear la cultura que se ha pasado por alto sea la de la presencia fiel. En 2010, James Davison Hunter popularizó esta frase en *Para cambiar al mundo*. En una entrevista con la revista *Chrisianity Today* sobre el libro, Hunter dijo: «La presencia fiel no es algo nuevo; es algo que necesitamos recuperar»[3]. Los siguientes cuatro principios de la presencia fiel son mi intento de elaborar una teología práctica para mí mismo, y espero que puedan ser útiles para ti también.

Cuatro principios de la presencia fiel

1. Como cristianos vivimos en este mundo como exiliados, ciudadanos leales del cielo y de su Rey, Jesús. No pertenecemos a ninguna nación terrenal y residimos como extranjeros y peregrinos en el mundo: somos embajadores del cielo.

2. Nuestro mayor poder proviene de la autoridad que nos concedió Jesús y se manifiesta en su ejemplo de presencia fiel: vivió en la tierra como en el cielo. Nunca emularemos a la perfección su ejemplo, pero podemos hacer todo lo mejor posible por brillar.

3. Buscamos el bienestar de la nación en la que residimos, prestando atención de manera específica a los marginados, a las comunidades más pequeñas y a los residentes,

4. Aprovechamos cada oportunidad de participar en nuestro lugar de residencia, respetando su autoridad local, siempre que eso no exija deslealtad a nuestro Rey y a su reino, nuestro verdadero hogar.

Cuando les he comentado esto a otros líderes cristianos, a menudo atacan este enfoque como «pasivo». Entiendo sus críticas. Los líderes cristianos quieren, con razón, ser parte de un movimiento piadoso, y la palabra *presencia* no grita con exactitud «cambiar el mundo». Sin embargo, «presencia fiel» es cualquier cosa menos pasiva.

Desarrollemos nuestra presencia fiel en la esfera pública

Como orientador, tengo la oportunidad de escuchar de una variedad de grupos en todo el país. Una pregunta favorita que he hecho durante la última década para romper el hielo es: «¿Qué te ha sorprendido más en tu ministerio en los últimos años?».

La respuesta más común de esta década tuvo algo que ver con la rapidez de la cultura por aceptar los matrimonios entre personas del mismo sexo. Y, en efecto, las encuestas de opinión muestran que el cambio cultural en este tema ha sido extraordinario. Durante décadas, la mayoría de los estadounidenses no aprobaban la legalización de los matrimonios entre personas del mismo sexo. Y luego, en muy poco tiempo, lo hicieron. Las denominaciones de la iglesia comenzaron a dividirse sobre el tema, y las críticas culturales dominantes a la comunidad LGBTQ+ se enfurecieron, se hicieron furiosas, ruidosas y tóxicas al instante, como nunca.

He visto pocos cambios radicales de opinión en mi vida, y la iglesia, en general, no estaba preparada para todo lo que se desató cuando el Tribunal Supremo revocó la Ley de Defensa del Matrimonio. Ser «homofóbico» era uno de los comportamientos principales asociados con los cristianos identificados en *unCristian* [no-Cristiano] por David Kinnaman y Gabe Lyons[4]. No «amoroso». No «compasivo con quienes no están de acuerdo». Solo «homofóbico». En este ámbito (como en muchos otros), los cristianos hemos desarrollado una reputación mucho más notable por nuestra postura en contra que por nuestra postura a favor.

Esta cuestión, más que ninguna otra, nos ha obligado a buscar un modelo más rico para vivir nuestra fe. Una de las principales razones puede ser la falta de matices que aportamos a nuestra interpretación de las Escrituras y a cómo vivimos esa interpretación en el mundo que nos rodea.

Mantengo una conversación continua sobre la fe y la cultura con Darrell Bock, director ejecutivo de Cultural Engagement y profesor principal de investigación de estudios del Nuevo Testamento en el Seminario Teológico de Dallas.

Durante el desayuno en Dallas, Darrell me explicó que hay tres «lentes» principales a través de los cuales los cristianos deben ver para interpretar las Escrituras.

El lente teológico

Este es el lente que utilizamos con mayor frecuencia cuando procuramos entender la naturaleza de Dios, de nosotros mismos y de la creación. El lente teológico es nuestro intento de destilar las verdades supremas que crean nuestra cosmovisión, y la pregunta principal que debemos considerar es: **¿Cuál es el conocimiento que Dios nos da a través de la revelación especial?**

Recuerda, este lente proporciona una interpretación de la verdad; no es la verdad en sí misma. La revelación de Dios es perfecta. Nuestra interpretación no lo es. Es un intento de hacer lo mejor que podemos hacer, y debemos recordar con humildad que no somos infalibles. Por eso, dos cristianos pueden ser sinceros por igual en sus convicciones espirituales y, sin embargo, entender de modo distinto lo que dice la Biblia.

Aunque casi todo surge del trabajo del lente teológico, este proporciona poca aplicación directa por sí solo. Aquí podemos aprender que Dios es santo, que los humanos son pecadores, que los humanos necesitan la salvación. Aunque los otros dos lentes son, en efecto, «teológicos» (porque todo lo que hacemos es, en cierto sentido, una práctica teológica), le plantean diferentes preguntas al texto.

El lente pastoral

El lente pastoral es lo que usamos para determinar cómo aplicar la verdad de la Escritura a nuestra vida y a la vida de los demás. La pregunta principal aquí es: **¿Cómo ayudo a otros a reconciliarse con Dios y a vivir vidas santificadas?**

Los pastores usan este lente para ayudar a guiar a su rebaño, o a un individuo, hacia una vida santa.

A veces el lente pastoral es muy claro, otras veces no tanto. Mientras que el lente teológico nos dice que Dios es santo, que los humanos son pecadores y que Jesús pagó por nuestro pecado, el lente pastoral nos ayuda a confesar nuestro pecado y a experimentar la salvación. El lente pastoral nos ayuda a lidiar con la tentación. El lente pastoral nos ayuda a hacerle frente a la tentación. El lente pastoral se centra en nuestra conexión con Dios: cómo puede forjarse, fortalecerse y, cuando es necesario, repararse.

También se pregunta cómo podemos cuidar de las personas y amarlas bien mientras tratamos de mostrar el cuidado y el carácter de Dios al reflejar su imagen. Es posible que tengamos razón en lo que creemos, pero que nos equivoquemos en lo pastoral, de modo que sigamos equivocándonos en nuestra forma de actuar. Este cuidado pastoral es muy importante. Es más, en algunos casos, importa tanto o más que tener razón. (Recuerda los consejos del capítulo 6 sobre cómo captar la atención de los curiosos espirituales).

Muchas de las epístolas de Pablo tratan sobre cómo ayudar a la iglesia a vivir como cristianos. Sus cartas daban orientación divina sobre cómo la iglesia debería parecerse más a Jesús. Si bien estos pasajes están llenos de verdad, la época de Pablo era diferente a la nuestra. En nuestros tiempos modernos, a menudo se presenta una situación para la cual no hay un pasaje claro que nos guíe.

El lente de la esfera pública

Se necesita un tercer lente, menos utilizado, a fin de saber cómo aplicamos las Escrituras al contexto cultural en el que vivimos. Esto es específicamente relevante en nuestra conversación sobre los curiosos espirituales. Aquí la pregunta pertinente es: **¿De qué manera debemos vivir como cristianos en un mundo que no cree como nosotros?**

En una nación que protege la libertad de expresión y el ejercicio de la religión, no es posible, ni apropiado, imponer valores que estén evaluados de forma implícita solo por las ideas bíblicas. Sin embargo, esto no significa que estas ideas y valores deban amordazarse. Considera la súplica de Daniel en Daniel 1, que analizamos en el capítulo anterior. Él y sus amigos no les imponen sus leyes judías a los demás, aunque ellos mismos decidan no participar en los rituales babilónicos. La libertad de practicar, o de no hacerlo, es lo importante para ellos. En el caso de la comida de la mesa del rey, Daniel apela a una prueba para demostrar que las restricciones dietéticas judías son de veras beneficiosas más allá de su significado religioso.

En la medida de lo posible, debemos considerar las cuestiones de forma similar, a través del lente de la esfera pública. Debemos luchar por la libertad de practicar o no los valores religiosos y también, donde y cuando sea posible, apelar al beneficio general de la sabiduría de Dios sobre un asunto determinado. De este modo, mostramos la gracia común de Dios, y lo honramos.

Los tres lentes

En la carta de Pablo a la iglesia de Corinto, vemos estos tres lentes en acción en lo que a veces puede ser un pasaje confuso. Aquí vemos que Pablo aborda un tema de inmoralidad sexual que no solo se aceptaba que continuara, sino que lo permitían continuar cristianos que pensaban que hacerlo es la forma de ser «misericordiosos»:

> Es ya del dominio público que hay entre ustedes un caso de inmoralidad sexual que ni siquiera entre los paganos se

tolera, a saber, que uno de ustedes tiene por mujer a la esposa de su padre. ¡Y de esto se sienten orgullosos! ¿No debieran, más bien, haber lamentado lo sucedido y expulsado de entre ustedes al que hizo tal cosa? (1 Corintios 5:1-2)

Este extraño pasaje puede parecer que tiene poco que ver con nuestras iglesias modernas. No obstante, si nos fijamos bien, vemos que Pablo emplea los tres lentes al unísono, y nosotros podemos aprender a hacer lo mismo en nuestra propia vida y ministerio.

Observa que Pablo menciona la naturaleza atroz del pecado, que ni siquiera los paganos tolerarían este acto de incesto. Pablo reconoce dos realidades: tanto la vida dentro de la iglesia (el lente pastoral) como la vida fuera de la iglesia, entre los «precreyentes» o «no creyentes». Esta vida fuera de la iglesia es la que requiere, en primer lugar, el lente de la esfera pública.

Pablo continúa: «Cuando se reúnan y yo los acompañe en espíritu, en el nombre de nuestro Señor Jesús y con su poder, entreguen a este hombre a Satanás para destrucción de su carne a fin de que su espíritu sea salvo en el día del Señor» (vv. 4-5). En otras palabras, el resultado final deseado por Pablo en todo esto es que el hombre se reconcilie con Dios. Aquí vemos una aplicación pastoral basada en la comprensión de la lectura de las Escrituras a través del lente teológico. Debido a que Pablo entiende la situación de manera teológica, es capaz de entenderla también de manera pastoral.

Luego regresa a la esfera pública y mira la situación desde una perspectiva diferente: «Por carta ya les he dicho que no se relacionen con personas inmorales. Por supuesto, no me refería a la gente inmoral de este mundo, ni a los avaros, estafadores o idólatras. En tal caso, tendrían ustedes que salir de este mundo» (vv. 9-10).

Esto es profundo. A la vez que Pablo juzga a la iglesia a través de su lente pastoral, también reconoce que hay una aplicación opuesta que tal vez parezca incoherente con lo que dice:

Y continúa:

> Pero en esta carta quiero aclararles que no deben relacionarse con nadie que, llamándose hermano, sea inmoral o avaro, idólatra, calumniador, borracho o estafador. Con tal persona ni siquiera deben juntarse para comer.
> ¿Acaso me toca a mí juzgar a los de afuera? ¿No son ustedes los que deben juzgar a los de adentro? Dios juzgará a los de afuera. «Expulsen al malvado de entre ustedes». (vv. 11-13)

Este breve ejemplo de la instrucción de Pablo se ha utilizado mal en la iglesia, a fin de imponer una disciplina alarmantemente dura, carente de toda gracia y misericordia. La enseñanza neotestamentaria sobre la disciplina en la iglesia estaba destinada a congregaciones pequeñas y unidas, y muchos de nuestros intentos de aplicarla a nuestra cultura de megaiglesias han estado plagados de desastres.

Sin embargo, la disciplina de la iglesia no es mi enfoque aquí. Quiero señalar que la reprimenda de Pablo no estaba dirigida al miembro pecador del cuerpo, sino a los líderes de la iglesia y al cuerpo en general. El cuerpo de creyentes se estaba burlando de la gracia de Dios. El ofensor no tenía un corazón arrepentido. El objetivo de Pablo era reconciliar al ofensor y a la congregación con Dios a través del arrepentimiento.

Mi motivación para traer esto a colación es para señalar que aquí hay dos estándares para rendir cuentas: uno para los que están dentro de la iglesia y otro para los que están fuera. Nuestro objetivo para los que están fuera de la iglesia es llevar las Buenas Nuevas, el evangelio, a los demás. Queremos que primero sean capaces de confiar en Dios. No hay futuro que no empiece por ahí.

Encuentra puntos en común con los curiosos

¿Recuerdas la enseñanza de Pedro sobre vivir bien en medio de los que no creen aún? Aquí vimos un marco para el lente de la esfera pública: «Mantengan entre los incrédulos una conducta tan ejemplar que, aunque los acusen de hacer el mal, ellos observen las buenas obras de ustedes y glorifiquen a Dios en el día de su visitación» (1 Pedro 2:12).

En mi ministerio con los movimientos evangélicos urbanos, he tenido que reflexionar mucho y con detenimiento sobre cómo se manifiesta la iglesia en la ciudad. Me he dejado guiar por amigos como Kevin Palau, que ha trabajado durante algún tiempo en Portland, Oregón, como enlace entre la comunidad religiosa y el liderazgo de la ciudad. Durante un tiempo, trabajó en estrecha colaboración con Sam Adams, el primer alcalde abiertamente gay de una gran ciudad estadounidense. Una vez elegido Adams, Kevin y su movimiento municipal quisieron reunirse con él para ver cómo la iglesia podía servir a la ciudad.

Tanto Kevin como el alcalde Adams admiten que hay muchas cosas en las que no están de acuerdo. Sin embargo, surgió una amistad entre ambos al centrarse en lugares en los que la ciudad y la iglesia podían encontrar puntos en común.

Encontrar puntos en común con personas que no están de acuerdo con nosotros es un arte que requiere tiempo y práctica. Aun así, como cualquier arte, es una habilidad que vale la pena dominar. Aquí tienes cuatro preguntas en las cuales enfocarte.

1. ¿Dónde están nuestros puntos en común?

Tim Muehlhoff, profesor de comunicaciones en la universidad de Biola, escribió en su libro *I Beg to Differ* [Siento no estar de acuerdo] que la sociedad ha perdido el interés por encontrar puntos en común y mantener relaciones sanas con las personas cuando no están de acuerdo en ciertas cosas[5]. Ya es bastante malo lo rápido que salimos de la habitación cuando nos encontramos con opiniones diferentes a las nuestras, pero es que ni siquiera entramos en la habitación con el deseo de encontrar en qué punto del diagrama de Venn se cruzan nuestras vidas. Para atraer a los curiosos espirituales, debemos encontrar esos lugares de intersección.

Para Kevin y el alcalde Adams, se trataba del bienestar de Portland. Ambos querían ver cómo disminuía la delincuencia, aumentaban los resultados educativos y un mayor número de personas encontraba una vivienda asequible. Aunque Kevin también quería que la gente de Portland conociera a Jesús, no tenía por qué hacer de eso un motivo de ruptura para su asociación. Había mucho en común para quedarse y entablar una amistad.

Uno de los objetivos de mi investigación con los curiosos es ayudarnos a ver los puntos en común que tenemos y que podemos utilizar para construir verdaderas relaciones de confianza. Los problemas que enfrenta nuestro país son muchos, y para abordarlos de manera eficaz se requiere una cooperación estratégica. Aunque no coincidamos en todo, tenemos oportunidades de cooperar en lo que sí estamos de acuerdo.

2. ¿Qué podría amenazar mi lealtad a Cristo?

Es importante saber dónde están los límites. Puede que haya menos de los que crees; sin embargo, como se ve en las vidas de exiliados como José, Daniel, Ester, Sadrac, Mesac y Abednego, hay límites.

Primero vemos a Daniel luchando por comer alimentos que van en contra de las restricciones dietéticas judías. Así que fíjate cómo apela a Nabucodonosor. Apela al punto en común de la buena salud y le ofrece una prueba que conduce al favor del rey. Ese fue un ejemplo de Daniel y sus amigos avanzando por un límite que mantenían.

No obstante, cuando se trataba de estudiar la literatura y las costumbres babilónicas, e incluso de adoptar nombres babilónicos que contenían los nombres de dioses falsos, no parecía haber un problema. Daniel y sus amigos no eligieron todas las batallas. Nosotros también podemos elegir nuestras batallas con sabiduría y madurez.

A lo largo de las Escrituras, vemos a los que siguen a Dios trazar sus límites en torno a cualquier cosa que pudiera desviar su confianza hacia algo que no sea Cristo. Esto lo podemos usar como una guía útil, a fin de trazar nuestros propios límites en esta cultura.

3. ¿Qué Buenas Nuevas aporta Jesús a la situación?

Como portadores de las Buenas Nuevas, debemos preguntarnos qué cambia como resultado de encontrar un punto en común. Cuando los discípulos predicaron las Buenas Nuevas, los judíos que se sintieron abrumados por las demandas legalistas como medio de salvación vieron la muerte y resurrección de Jesús como el cumplimiento de la promesa del Mesías y la plena realización de la gracia. Para los gentiles y los paganos, que sabían que algo en la creación estaba quebrantado y que la humanidad tenía algo que ver en esto, el evangelio era la libertad del pecado y la realización de una relación con un Dios que podían conocer ahora.

Cuando se trata de la esfera pública, ¿el bien de la ciudad requiere creer en el evangelio? Aunque puede ser el objetivo supremo de nuestras buenas obras, nuestra búsqueda del bien social de los demás no solo depende del evangelio. Todavía podemos encontrar formas de mejorar la calidad de vida de las personas (ayudando a alimentar a los hambrientos, proporcionando vivienda a los sintecho y encontrando recursos para los que tienen dificultades económicas), antes de asegurar su compromiso con la salvación.

4. ¿Qué recursos del reino se pueden utilizar para buscar la paz y la prosperidad de mi comunidad?

En el momento de escribir este libro, acabamos de superar la pandemia. El mayor impacto lo recibió la ciudad de Nueva York, que perdió más vidas per cápita que cualquier otra ciudad estadounidense[6]. Durante ese tiempo, las iglesias unidas de la ciudad de Nueva York, en los cinco distritos, dieron el uso de sus edificios y redes para distribuir bienes y servicios a cualquier persona, sin condiciones. Eso es lo que significa actuar a través del lente de la esfera pública.

Un enfoque principal de este capítulo fue el de comprender los aspectos de nuestro discipulado que pueden fortalecer nuestra capacidad de alcanzar a los curiosos espirituales en esta era de apertura espiritual. Muchos curiosos han tenido experiencias negativas con la iglesia, por lo que mejorar nuestra reputación viviendo de forma más semejante a Cristo en nuestros vecindarios es fundamental para nuestros esfuerzos por alcanzarlos.

Lecciones aprendidas

El tema de la curiosidad no es nada nuevo. La gente siempre ha sido curiosa. Desde que Dios creó el fruto prohibido en el jardín, los seres humanos han querido saber cómo sería conocer cosas como Dios.

En la actualidad, hay un fenómeno excepcional que se está desarrollando en los Estados Unidos: una curiosidad espiritual, que exige nuestra atención. Esto nos obliga a revaluar nuestro enfoque de la iglesia y nuestro papel como iglesia. Si entendemos este fenómeno de manera adecuada y lo abordamos con gracia, la transformación que viene a nuestras iglesias podría ser enorme.

Al concluir este libro, me gustaría destacar seis ideas clave que han tenido un profundo impacto en mi viaje personal hacia la comprensión de la curiosidad espiritual. Empecé a trabajar en la idea de este libro unos años antes de la pandemia. A medida que la pandemia se fue extendiendo, me di cuenta de que pasaba menos tiempo en la iglesia y más tiempo con la gente de mi vecindario. Por lo general, no tenía contacto con mis vecinos en un contexto espiritual, y hacerlo ha cambiado mi vida. Este período solo confirmó muchas de las ideas que tenía acerca de los curiosos espirituales.

1. Dios obra en lugares donde no se me ocurre buscar.

Muchas veces, creo que Dios obra solo en aspectos específicos, donde hay actividad misionera o la iglesia lleva a cabo algún proyecto. Sin embargo, Dios también obra en los lugares más paganos, y en los corazones y mentes de personas que nunca han pensado mucho en Él. Así que estoy aprendiendo a entrar en cada entorno con humildad, sin pensar que traigo algo nuevo, sino empezando desde una postura de tratar de averiguar lo que Dios ya está haciendo en este lugar. ¿Cómo ya Dios está obrando en la vida de una persona, o cómo la está preparando para este momento? ¿Cómo puedo unirme a un *proceso en curso* en vez de tratar de ser el personaje principal de mi propio proyecto?

Esto sucedió con uno de los amigos de mi hija. Ten en cuenta que era la primera vez que conocía a este joven, y la pregunta que me hizo fue: «Sr. Matlock, ¿cómo sé que Dios me está buscando?». Fue una pregunta muy atrevida para ser la primera vez que me encontraba con él, pero sabiendo que soy pastor, creo que supuso que yo era una persona segura con la que hablar de este tipo de cosas.

«Entonces, John, ¿sientes que Dios te ha estado buscando?», le dije.

Me relató algunos encuentros que tuvo en los que sintió que una serie de cosas, combinadas con el hecho de salir con mi hija, podrían significar que Dios trataba de enviarle un mensaje.

Vine a este encuentro pensando: *Este es un joven que no creció en la iglesia y tiene un trasfondo bastante distorsionado de la fe.* Nunca pensé en preguntarme si Dios ya estaba allí o qué tipo de preguntas podría hacer para descubrir cómo Dios podría estar ya obrando en la vida de este hombre. Cuánto más enriquecedoras podrían ser nuestras interacciones si pudiéramos confiar en que, dondequiera que vayamos y con quienquiera que conozcamos, Dios llegó antes que nosotros y seguirá estando allí mucho después de que nos vayamos.

2. No tengo que temer cuando estoy en un lugar desconocido.

Al crecer, siempre me dijeron que evitara los lugares donde se reunían muchos pecadores. Así que nunca fui a fiestas en el instituto; intentaba juntarme solo con los amigos más cristianos. Tal vez, cuando era más joven, ese fuera un buen camino para seguir. Y no hay duda de que estar en lugares donde no hay una fuerte presencia espiritual puede ser incómodo para un cristiano. Sin embargo, no tenemos por qué tener miedo de estar en esos lugares.

Es más, debo preguntarme: ¿Por qué no estoy en esos lugares más a menudo? Solía destacar el hecho de que no bebía, pensando que era una señal de santidad y pureza. Cuando me acercaba a los cuarenta, empecé a beber un poco de alcohol de vez en cuando. En esa etapa de mi vida, sentía que tenía la cabeza bien puesta sobre los hombros, pero me sorprendió ver cómo el hecho de no tenerle miedo al alcohol o de señalar que estaba en contra del alcohol me abrió oportunidades para que me invitaran a círculos donde pasaban el rato personas que necesitaban a Jesús, se conocían y formaban vínculos profundos. Me involucré en conversaciones de las que nunca pensé que sería parte.

No me refiero a que no debamos tener cuidado con las cosas que sabemos que pueden ser una tentación para nosotros. Por ejemplo, una persona que ha luchado contra una adicción tiene motivos de sobra para evitar situaciones en las que haya alcohol. No obstante, en mi caso, me di cuenta de que algo que pensaba que era una señal de mi santidad, lo cierto es que me impedía estar en los lugares donde Jesús quería que estuviera. Debemos ser menos insulares si queremos alcanzar a la gente. Un buen primer paso es salir de nuestro propio entorno.

3. Confiar en Dios es más importante que hacer cosas para Él.

He sabido esto toda mi vida, y lo he aprendido de muchas enseñanzas diferentes sobre la gracia. Aun así, creo que solo a través de tratar de encontrarme en lugares con personas que están perdidas, que no conocen al Señor, que no lo desafían, sino que no lo conocen, me estoy dando cuenta de que confiar en Él es mucho más importante que hacer cosas para Él.

Esto no solo es acerca de mi relación con Dios; es también lo que proyecto y pongo en otras personas también. Verás, cuando pienso que hacer cosas para Dios es más importante que confiar en Él, llevo a otros a enfocarse en su comportamiento más de lo que los llevo a enfocarse en su relación con Jesús. No importa lo que diga que creo, les comunico que el cristianismo no es más que una serie de cosas que se deben y no se deben hacer. En realidad, lo más importante para mí es que confíen en Jesús. Para ser sincero, creo que cuando confíen en Jesús, entren en una relación con Él y experimenten de veras su gracia, van a experimentar a Dios de una manera que cambiará sus vidas. Mi dedo acusador y mis listas no van a tener mucho impacto, ni pueden tener un impacto negativo, así que tengo que mantener un enfoque adecuado. Lo más importante es confiar en Dios.

Una vez escuché una palabra africana para «confiar» que significaba apoyarse en un árbol y no caerse. Nunca he podido encontrar la fuente de esto, pero me encanta la imagen de poder poner todo tu peso y apoyarlo por completo en algo, sabiendo que te va a sostener. Así es que trato de pensar acerca de mi relación con Dios y trato de ayudar a la gente que no conoce a Jesús, a fin de que pueda encontrarlo. Quiero que pongan todo el peso de su vida y que confíen en Dios, dejando que Él los lleve a donde necesita que vayan. Solo estoy aquí para pastorearlos a lo largo del camino y ayudarlos a entender lo que dicen las Escrituras. Si alguien tiene una relación verdadera y de confianza con el Dios vivo, la parte del comportamiento se encarga de sí misma.

4. Es mejor conocer a Jesús que saber de Él.

En muchos sentidos, esto está relacionado con el punto tres, que profundizaba en cómo confiar en Dios es más importante que hacer cosas para Él. Así que conocer a Jesús *es* mejor que solo saber acerca de Él. Sé que esto parece obvio para los que hemos sido cristianos por algún tiempo. Sin embargo, he descubierto que hay muchos más cristianos que *saben acerca* de Jesús que cristianos que lo *conocen* de veras. Hay personas que no conocen a Jesús, pero que les enseñan a nuestros pastores a ministrar. Estas personas pueden saber mucho acerca de Jesús (conocimiento en la cabeza), pero no lo conocen a Él (conocimiento en el corazón). Debemos tener en cuenta que lo más importante es que las personas confíen en Jesús y lo conozcan. No como un mago lejano e incognoscible en las nubes, sino como alguien con quien tienen una verdadera relación. Alguien con quien experimentan la vida todos los días.

5. Hay menos personas hostiles al cristianismo de lo que pensaba.

Sí, hay personas muy hostiles al cristianismo. Puede que tengas historias desagradables de haberte encontrado con esas personas. Sin embargo, no son tantas como yo pensaba. Suelo descubrir que hasta los que son activamente hostiles al cristianismo están más que dispuestos a pasar tiempo conmigo. Esto me ha dado una gran valentía en mis relaciones y encuentros con otros.

Hay un pastor en Singapur que cuando se encuentra con desconocidos, ya sea en un avión, en un taxi o en cualquier otro sitio, les dice:

—¡Vaya! Debes ser la persona más afortunada del mundo.

—¿Por qué dices eso? —le preguntan.

—Bueno, hay seis mil millones de personas en el planeta, y hoy, Dios te puso al lado de un pastor cristiano —le contesta.

Todavía no he probado esa frase, pero creo que es una manera excelente de pensar acerca de la vida. Dios nos ha puesto en el camino de todas las personas con las que nos encontramos, y es probable que no sean tan hostiles a su mensaje como podríamos suponer. De modo que debemos pensar de manera diferente sobre cómo transmitimos su mensaje. No se trata de cerrar el trato; se trata de darse cuenta del papel que puedes llegar a desempeñar en su viaje por el camino del descubrimiento espiritual. Se trata de reconocer que no tenemos por qué avergonzarnos de nuestra fe. Necesitamos darnos cuenta de que nuestra fe debería influir literalmente en cada parte de nuestra vida: cómo vivimos y nuestras interacciones con cada persona con la que nos encontramos.

6. Interactuar con los curiosos espirituales lleva tiempo

Y requiere trabajo relacional. La ciencia actual sobre las relaciones dice que nuestra capacidad cognitiva solo puede mantener 150 amigos, y solo cinco son íntimos[1].

Lecciones aprendidas

La gente se ha burlado de esto. Dicen que es absurdo. En cambio, una y otra vez, la ciencia ha demostrado que es cierto. Solo podemos mantener cierto número de relaciones íntimas.

Tengo cinco mil amigos en Facebook. Puedo repasar esa lista de cinco mil y es probable que te diga cómo conozco a tres quintas partes de ellos. Incluso podría decirte cómo conocí a la mayoría. Una de las razones principales por las que tengo cinco mil amigos en Facebook es porque mi perfil se activó cuando Facebook apenas comenzaba, y durante ese tiempo estuve viajando por el país hablando en conferencias y campamentos, y conociendo a mucha gente joven año tras año. Nunca he sido de los que se esconden entre bastidores; siempre interactúo con el público antes y después de las conferencias. Así que conozco a mucha gente.

Sin embargo, puedo confirmar que, si bien puedo relacionar nombres y rostros y contar historias sobre miles de personas, no tengo el tipo de relación con ellas que tengo con mis amigos más cercanos.

La razón por la que traigo esto a colación es porque no podemos ver la evangelización como algo transaccional. Si Dios diseñó nuestro disco duro para manejar cierta capacidad de relaciones, debe saber que también hay límites para la cantidad de personas a las que podemos evangelizar.

Un gran problema con muchos de nuestros métodos de evangelización modernos que no dedican el tiempo necesario para alcanzar a los curiosos espirituales es que no reconocemos que el problema es la capacidad. Necesitamos que más personas les testifiquen de su fe a las personas más cercanas en lugar de tratar de encontrar maneras para que las personas hablen de su fe con cientos de personas que apenas conocen. Si cada cristiano viviera de manera activa su fe (el cielo en la tierra, una presencia fiel), se alcanzaría a más personas.

Lo que significa que todos tendremos que participar en esta obra. Si somos líderes de iglesias, ministerios o iniciativas de extensión, o tenemos personal que sale y testifica de su fe, tenemos que asegurarnos de que hacemos cosas en las que todos estamos involucrados. Necesitamos oportunidades de seguimiento para una conexión a largo plazo. No creo que el método de prueba y error de traer grupos grandes y tratar de predicar a Cristo a través de una actividad de grupo grande sea de veras eficaz, y de seguro que no es la manera de alcanzar a los curiosos espirituales. Tampoco creo que enviar multitudes de jóvenes a evangelizar en las calles de la ciudad durante una semana produzca resultados a largo plazo. Para hacer este trabajo, necesitamos personas que estén presentes por completo en sus ciudades. Esta obra no puede ser el dominio exclusivo de los pastores u otros líderes de la iglesia. Por el contrario, necesitamos que personas de todas las profesiones y condiciones sociales se unan a este esfuerzo vital. Necesitamos personas que les hablen de su fe a quienes conocen en realidad y puedan acompañarlos en momentos de exploración más profunda.

Nosotros, como iglesia, tenemos que enseñar y adoptar una nueva forma de hacer discípulos, reconociendo que las personas tienen un número limitado de relaciones que pueden manejar en todos los niveles. Queremos asegurarnos de que no estamos tan aislados que no damos a los curiosos espirituales el tiempo, el respeto y la atención que se merecen, a fin de guiarlos hacia su encuentro con Jesús y poder seguirle.

Espero que este libro te animara a pensar en la esperanza que ofrece el panorama donde ministramos y que estés pensando en maneras de cómo captar la atención de los curiosos, aun cuando esto signifique revaluar tu forma actual de alcanzarlos. Espero que algún día, cuando estemos juntos en el reino de los cielos, en esta tierra renovada y restaurada, muchas personas que estén con nosotros puedan relacionar su llegada a la fe con un cambio de mentalidad que nos ayudó a captar mejor su curiosidad espiritual.

Cómo hacer buenas preguntas

Recorramos con el Grupo Barna algunos de los hitos y momentos decisivos más recientes de nuestro estudio en curso sobre la fe y la curiosidad en los EE. UU.

El conocimiento del momento de apertura espiritual

Aunque en los Estados Unidos los indicadores como la afiliación cristiana y la asistencia a la iglesia han ido en declive, los estudios de Barna de los últimos años siguen dando a los líderes cristianos motivos de esperanza. En particular, desde 2020, hemos observado lo que podría considerarse un fortalecimiento del «momento de apertura espiritual» (es más, el 44 % nos dijo a finales de 2022 que estaban más abiertos a Dios que antes de la pandemia).

% de adultos de EE. UU. que...

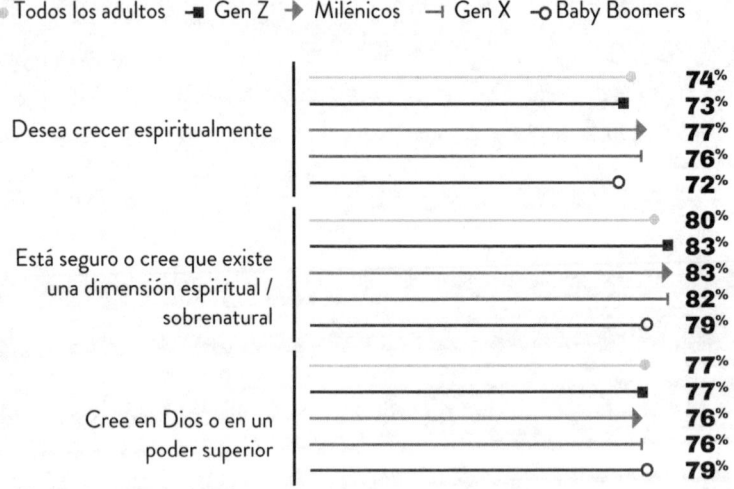

— Todos los adultos ■ Gen Z → Milénicos ⊣ Gen X ○ Baby Boomers

Desea crecer espiritualmente
- 74 %
- 73 %
- 77 %
- 76 %
- 72 %

Está seguro o cree que existe una dimensión espiritual / sobrenatural
- 80 %
- 83 %
- 83 %
- 82 %
- 79 %

Cree en Dios o en un poder superior
- 77 %
- 77 %
- 76 %
- 76 %
- 79 %

n=2 000 adultos de EE. UU., 21-31 de octubre de 2022. Fuente: Barna Group

Observa cómo esta hambre espiritual parece ser constante en todas las generaciones. Esto coincide con otras investigaciones de Barna entre adolescentes y adultos jóvenes, tanto en todo el mundo como en los EE. UU. En la actualidad, la apertura es un rasgo tan definitorio de los adolescentes de hoy que hemos comenzado a referirnos a ellos como «la generación abierta».

La generación abierta

Vemos que, en general, los adolescentes están abiertos a Jesús, la Biblia y la justicia. Además, sus compromisos con estas tres cosas están entrelazados y aumentan juntos.

La mayoría de la generación Z en los EE. UU., tanto adolescentes como adultos jóvenes, dicen que están motivados para seguir aprendiendo sobre Jesús por el resto de su vida. Incluso los no cristianos de la generación Z muestran esta apertura: casi la mitad están al menos algo motivados para seguir aprendiendo sobre Jesús a lo largo de su vida.

Durante el resto de tu vida, ¿qué tan motivado estás para seguir aprendiendo más acerca de Jesucristo?

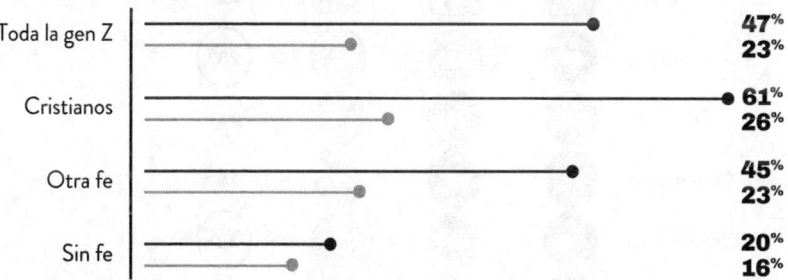

- Muy motivado
- Algo motivado

	Muy motivado	Algo motivado
Toda la gen Z	47%	23%
Cristianos	61%	26%
Otra fe	45%	23%
Sin fe	20%	16%

n=2 025 adolescentes y adultos de la generación Z de EE. UU., 24 de agosto de 2021.
Fuente: Barna Group

El conocimiento y la reverencia no siempre se traducen en compromiso, pero es alentador que los adolescentes y los jóvenes adultos tengan una buena opinión de Jesús, sientan curiosidad por su carácter y crean que representa el amor, la esperanza, el cuidado, la generosidad y la confiabilidad.

Lo que busca la gente

Entonces, ¿cuáles son los caminos y destinos deseados por la gente en su camino espiritual? Sobre todo, esperanza y paz. La iglesia tiene la oportunidad de abordar estas necesidades sentidas en lo más profundo del alma en tiempos turbulentos.

Cuando piensas en tus creencias espirituales, ¿qué dirías que buscas?

○ *Indica una de las tres respuestas principales*

● Todos los adultos de EE. UU.   ● Cristianos   ● Otra fe   ● Sin fe

	Todos los adultos de EE. UU.	Cristianos	Otra fe	Sin fe
Paz interior	37%	40%	35%	30%
Esperanza	35%	40%	31%	24%
Sanidad	30%	32%	31%	22%
Perdón	30%	37%	27%	12%
Verdad	29%	31%	33%	23%
Propósito	29%	32%	26%	22%
Orientación	28%	32%	27%	15%
Crecimiento	26%	26%	28%	23%
Sentido	25%	28%	23%	20%
Salvación	25%	32%	18%	6%

n=2 005 adultos de EE. UU., 13-22 de diciembre de 2022. Fuente: Barna Group

En busca de respuestas

La apertura puede generar curiosidad y conexión, pero también deja lugar a preguntas y dudas. Por ejemplo, las personas de cualquier identidad religiosa pueden encontrar la hipocresía, el sufrimiento y el conflicto como obstáculos en sus creencias.

¿Alguna de las siguientes situaciones te hace dudar de las creencias cristianas? Selecciona todas las que correspondan.

n=1 501 adultos de EE. UU., 19-23 de febrero de 2023. Fuente: Barna Group

Sin embargo, la duda no tiene por qué ser un obstáculo. Es más, la duda suele considerarse una parte necesaria del camino de la vida, o incluso algo bueno que afrontar. Las personas le dicen a Barna que valoran mucho la sinceridad y la apertura en sus sistemas de creencias y en los líderes religiosos.

Es común que algunas personas experimenten dudas sobre sus creencias espirituales o religiosas. ¿Cuál de las siguientes opciones se aproxima más a cómo te sientes acerca de este tipo de dudas?

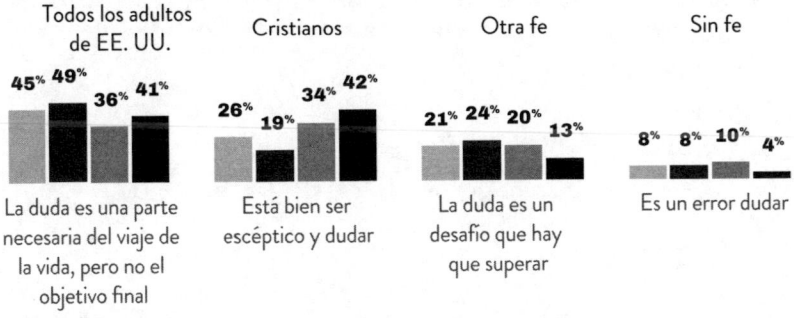

n=2 005 adultos de EE. UU., 13-22 de diciembre de 2022. Fuente: Barna Group

Investigación y metodología

Fe para los curiosos

Esta fue una encuesta a 1 501 adultos estadounidenses, realizada en línea, del 19 al 23 de febrero de 2023, a través de un panel de investigación de consumidores. El margen de error de la muestra es de +/-2,3 % con un nivel de confianza del 95 %. Se establecieron cuotas de representación por región, raza/etnia, educación, edad y sexo basadas en los datos del censo. Se aplicó una ponderación estadística mínima, a fin de maximizar la representación de la muestra.

Escalas externas que se utilizaron en esta encuesta:

- **Escala de necesidad de cierre:** Webster, D. M. y A. W. Kruglanski. «Individual Differences in Need for Cognitive Closure» [Diferencias individuales en la necesidad de cierre cognitivo]. *Journal of Personality and Social Psychology* 67, n.º 6, 1994, pp. 1049-62.
- **Escala de necesidad de cierre:** Roets, A. y A. Van Hiel. «Separating Ability from Need: Clarifying the Dimensional Structure of the Need for Closure Scale» [Separar la

capacidad de la necesidad: aclarar la estructura dimensional de la escala de necesidad de cierre]. *Personality and Social Psychology Bulletin* 33, n.º 2, 2007, pp. 266-80.
- **Escala de curiosidad:** Kashdan T. B., M. W. Gallagher, P. J. Silvia, B. P. Winterstein, W. E. Breen, D. Terhar, M. F. Steger. «The Curiosity and Exploration Inventory-II: Development, Factor Structure, and Psychometrics» [El inventario de curiosidad y exploración-II: Desarrollo, estructura factorial y psicometría]. *Journal of Research in Personality* 43, n.º 6, 2009, pp. 987-98. https://www.sciencedirect.com/science/article/abs/pii/0092656609001275.

Abiertos en lo espiritual

Se trata de una encuesta a 2 005 adultos y adolescentes estadounidenses (de trece a diecisiete años), realizada en línea del 13 al 22 de diciembre de 2022, a través de un panel de investigación de consumidores. El margen de error de la muestra es de +/−2,0 % con un nivel de confianza del 95 %. Las cuotas se establecieron para la representación por región, raza/etnia, educación, edad y género según los datos del censo. Se aplicó una ponderación estadística mínima para maximizar la representación de la muestra.

Reconocimientos

Hay muchas personas que hicieron posible este libro, y sin ellas no lo habría conseguido.

En primer lugar, mi encantadora esposa, Jade, que siempre está pendiente de mí, a fin de que mi energía se mantenga centrada.

David Kinnaman, uno de mis amigos más cercanos y de confianza durante las últimas dos décadas: gracias por impulsarme a trabajar en este proyecto.

La junta directiva de MOVEMENT.ORG: Bob Doll, Rick Lyons, el obispo Claude Alexander, Dan Wolgemuth, Brian Jacks, Josh Balmer, Jessica Chin, Jim Runyan, Gant Elmore, Josh Balmer y Ram Gidoomal. Estaba terminando este libro mientras me desempeñaba como director ejecutivo interino, y su generosa gestión me permitió tomarme el tiempo para completarlo mientras les servía.

Daniel Copeland, que dirige la investigación en Barna y que me dedicó mucho más de sus viernes de lo que se justificaba, a fin de analizar los datos y llegar al fondo de lo que veíamos en la cultura. Ashley Ekmay, que intervino al final para ayudar a generar tablas y verificar mis suposiciones. ¡Gracias a ambos!

Alyce Youngblood, editora ejecutiva de Barna, quien siempre me ha animado a «poner más de Mark» en el libro. Tyler Huckabee, por agregar algunos retoques de último momento.

Al equipo de Baker que trabajó de manera incansable para hacer que este libro fuera mejor de lo que el manuscrito original merecía: Mark Rice, Rebekah Von Lintel, Eileen Hanson, Robin Turici y mi editor de desarrollo, Jamie Chávez.

Marian Liautaud, quien trabajó de manera incansable para ayudarme a enmarcar el proyecto y preparar la propuesta inicial: fuiste la primera defensora de *Fe para los curiosos*, y tu espíritu me mantuvo escribiendo hasta el final.

Heidi Rosenblatt, mi administradora y directora de proyectos: Jade y yo estamos muy agradecidos de que seas parte de nuestras vidas, ayudando a llevar mis ideas a la práctica. Eres una compañera y amiga de confianza en esta obra del reino. ¡Muchas gracias!

Notas

Capítulo 1: Un nuevo camino
1. David Kinnaman y Mark Matlock, *Fe para los exiliados: 5 maneras de una nueva generación para seguir a Jesús en Babilonia digital*, Baker Books, Grand Rapids, 2019, p. 33.

Capítulo 2: Los curiosos espirituales
1. «Signs of Decline & Hope among Key Metrics of Faith», Barna Group, 4 de marzo de 2020, https://www.barna.com/research/changing-state-of-the-church/.
2. Entrevista con David John Seel Jr. realizada por Mark Matlock el 4 de agosto de 2022.
3. D. E. Berlyne, «A Theory of Human Curiosity», *British Journal of Psychology* 45, n.º 3, agosto de 1954, pp. 180–91.
4. George Loewenstein, «The Psychology of Curiosity: A Review and Reinterpretation», *Psychological Bulletin* 116, n.º 1, 1994, pp. 75–98, https://www.cmu.edu/dietrich/sds/docs/loewenstein/PsychofCuriosity.pdf.
5. Para más información sobre las cinco dimensiones de la curiosidad, consulta los siguientes enlaces: Todd B. Kashdan, David J. Disabato, Fallon R. Goodman y Carl Naughton, «The Five Dimensions of Curiosity», *Harvard Business Review*, septiembre-octubre de 2018,

https://hbr.org/2018/09/the-five-dimensions-of-curiosity; Todd B. Kashdan, «What Are the Five Dimensions of Curiosity?», PsychologyToday.com, 2 de enero de 2018, https://www.psychologytoday.com/us/blog/curious/201801/what-are-the-five-dimensions-curiosity.
6. Kinnaman y Matlock, *Fe para los exiliados*, p. 17 (del original en inglés).

Capítulo 3: Los curiosos escépticos
1. William Barclay, *Comentario al Nuevo Testamento, tomo 4, Evangelio según San Lucas*, Editorial CLIE, Barcelona, España, 1997, p. 169.
2. C. S. Lewis, «Un sermón de Navidad para paganos», *Revista Strand*, vol. 112, número 672, diciembre de 1946, https://www.reddit.com/r/exjw/comments/1hmg3pv/a_christmas_sermon_for_pagans/?tl=es-es&rdt=60874.
3. Lewis, «Un sermón de Navidad para paganos».
4. Lewis, «Un sermón de Navidad para paganos».
5. C. S. Lewis, *Cartas en latín de C. S. Lewis a Don Giovanni Calabria*, Grupo Nelson, Nashville, TN, 2023, pp. 93-94.

Capítulo 4: Una cultura curiosa
1. Brian Grazer, *Una mente curiosa: El secreto para una vida más completa*, Ediciones Obelisco S.L., Rubí, España, 2017, pp. 98-100.
2. D. M. Webster y A. W. Kruglanski, «Individual Differences in Need for Cognitive Closure», *Journal of Personality and Social Psychology* 67, n.º 6, 1994, pp. 1049-62; A. Roets y A. Van Hiel, «Item Selection and Validation of a Brief, 15-Item Version of the Need for Closure Scale», *Personality and Individual Differences* 50, n.º 1, 2011, pp. 90-94.
3. «What Do We Do with Doubt?», Barna Group, 28 de febrero de 2023, https://barna.gloo.us/articles/spiritually-open-issue-1. (Se requiere suscripción).

Capítulo 5: Una postura curiosa

1. Todd Kashdan, *Curious? Discover the Missing Ingredient to a Fulfilling Life*, Harper, Nueva York, 2009, p. 39.
2. Kashdan, *Curious?*, p. 25.

Capítulo 6: Cómo involucrar al curioso espiritual

1. «Soul Searching: What Spirituality Means to Americans Today», Barna Group, 27 de marzo de 2023, https://barna.gloo.us/articles/spiritually-open-issue-2. (Se requiere suscripción).
2. «What to Know about Spiritually Open Non-Christians», Barna Group, 4 de junio de 2023, https://barna.gloo.us/articles/spiritually-open-issue-4. (Se requiere suscripción).
3. «How Churches Can Coach Christians to Share Their Faith», Barna Group, 30 de julio de 2023, https://barna.gloo.us/articles/spiritually-open-issue-6. (Se requiere suscripción).
4. Kinnaman y Matlock, *Fe para los exiliados*, p. 143 (del original en inglés).
5. «For Good Conversations about Faith, Try Talking Less», Barna Group, 4 de julio de 2023, https://barna.gloo.us/articles/spiritually-open-issue-5. (Se requiere suscripción).
6. Barna Group, *Reviving Evangelism: Current Realities That Demand a New Vision for Sharing Faith*, Barna Group, Ventura, CA, 2019.

Capítulo 7: La búsqueda de algo más

1. Linda Rodríguez McRobbie, «The Strange and Mysterious History of the Ouija Board», Smithsonianmag.com, 27 de octubre de 2013, https://www.smithsonianmag.com/history/the-strange-and-mysterious-history-of-the-ouija-board-5860627/.
2. McRobbie, «Strange and Mysterious History of the Ouija Board».
3. Comunicación personal con A. Bjerke el 6 de julio de 2023.
4. Comunicación personal con A. Bjerke el 6 de julio de 2023.

Capítulo 8: En la tierra como en el cielo

1. C. S. Lewis, *El peso de la gloria y otros ensayos*, Ediciones RIALP, S. A., Madrid, España, 2001, p. 16.
2. Entrevista con David John Seel Jr. realizada por Mark Matlock el 4 de agosto de 2022.
3. Randy Alcorn, *El Cielo*, Tyndale House Publishers, Inc., Carol Stream, Illinois 2006, pp. 41-42.
4. Rodney Stark, *The Victory of Reason: How Christianity Led to Freedom, Capitalism, and Western Success*, Random House, Nueva York, 2007, p. 130.
5. Andy Crouch, *Crear cultura: Recuperar nuestra vocación creativa*, Editorial Sal Terrae, Santander, España, 2010, p. 308.
6. Mihály Csíkszentmihályi, *Fluir (Flow): Una psicología de la felicidad*, Editorial Kairós, Numancia, Barcelona, 1996, p. 15.
7. Charles Walker, «Experiencing Flow: Is Doing It Together Better Than Doing It Alone?», *Journal of Positive Psychology* 5, 2010, pp. 3-11, https://doi.org/10.1080/17439760903271116.
8. Barna Group, *The State of Generosity: The Heart of the Giver*, Barna Group, Ventura, CA, 2022, p. 117.
9. Paula Forbes, «Q&A with TipsForJesus, the Mystery Mega Tippers», Eater.com, 10 de diciembre de 2013, https://www.eater.com/2013/12/10/6316463/q-a-with-ipsforjesus-the-mystery-mega-tippers.
10. Alcorn, *El Cielo*, p. 33.
11. Paolo Uggetti, «Retracing the Histories of "The Next Michael Jordans"», The Ringer, 4 de mayo de 2020, https://www.theringer.com/nba/2020/5/4/21246021/next-michael-jordan-last-dance-kobe-bryant-lebron-james.
12. Crouch, *Crear cultura*, pp. 113-114.
13. John Harrison, *Spellbound: The Wonder-Filled Life of Doug Henning*, BoxOffice Books, Nueva York, 2009, p. 46.

14. Dana R. Carney y otros, «The Secret Lives of Liberals and Conservatives: Personality Profiles, Interaction Styles, and the Things They Leave Behind», *Political Psychology* 29, n.º 6, 2008, pp. 807-40, http://www.jstor.org/stable/20447169.
15. Stephen J. Dollinger, «Creativity and Conservatism», *Personality and Individual Differences* 43, n.º 5, 2007, 10025-35.

Capítulo 9: Una presencia fiel en nuestras comunidades
1. Barna Group, *The State of Your Church*, Barna Group, Ventura, CA, 2022, p. 119.
2. «Loyalists», Biblioteca Presidencial de George Washington en Mount Vernon, consultado el 25 de septiembre de 2023, https://www.mountvernon.org/library/digitalhistory/digital-encyclopedia/article/loyalists/.
3. James Davison Hunter, en Christopher Benson, «Faithful Presence», *Christianity Today*, 14 de mayo de 2010, https://www.christianitytoday.com/ct/2010/may/16.33.html.
4. David Kinnaman y Gabe Lyons, *unChristian: What a New Generation Really Thinks about Christianity... and Why It Matters*, Baker Books, Grand Rapids, 2012, p. 27.
5. Tim Muehlhoff, *I Beg to Differ: Navigating Difficult Conversations with Truth and Love*, InterVarsity, Downers Grove, IL, 2014.
6. «Five Ways to Monitor the Coronavirus Outbreak», *New York Times*, 23 de abril de 2020, https://www.nytimes.com/interactive/2020/04/23/upshot/five-ways-to-monitor-coronavirus-outbreak-us.html.

Capítulo 10: Lecciones aprendidas
1. Sheon Han, «You Can Only Maintain So Many Close Friendships», *The Atlantic*, 20 de mayo de 2021, https://www.theatlantic.com/family/archive/2021/05/robin-dunbar-explains-circles-friendship-dunbars-number/618931/.

MARK MATLOCK, quien ha dirigido muchos proyectos con Barna, ha proporcionado ideas para entender a las generaciones más jóvenes, cultivar discípulos resilientes y conocer el pulso de la ciudad en la que ministra. Mark es autor de más de veinte libros; recientemente, coescribió *Fe para los exiliados* con David Kinnaman y, en este momento, está trabajando en *Emotionally Healthy Discipleship for Teens* [Discipulado emocional saludable para adolescentes] con Pete Scazzero.

Mark es el fundador principal de WisdomWorks, un grupo de consultoría dedicado a ayudar a las iglesias y organizaciones centradas en la fe, a fin de aprovechar el poder transformador de la sabiduría para cumplir su misión en tiempos de cambio. Mark también es miembro sénior de Barna. Es un orientador de la innovación, de las ideas y del impacto, que ayuda a las personas a convertir los datos y la investigación en estrategia y acción. Mark ha sido consultor de muchas organizaciones religiosas nacionales e internacionales, como Seed Company, Awana y MOVEMENT.ORG. En la actualidad, es el director ejecutivo de Urbana para InterVarsity Christian Fellowship.

Mark vive en el área metropolitana de Dallas con su esposa, Jade.